U0743426

28

Soft Skills

to

Make You

the Top

Project

Manager

卓尔不群

成为王牌项目经理的 28 项软技能

唐川 ◎ 著

中国电力出版社
CHINA ELECTRIC POWER PRESS

内 容 提 要

当今市场，项目制已成为各类企业开展业务及内部业务流程优化的基本模式，而项目经理往往也是职场人士通往高级别管理岗位的必经之路。本书以项目管理和职场生存所必需的，但往往被人们忽略或无从下手的"软技能"为讨论核心，以"自我培养""人际关系管理""塑造领导力"和"全面优化项目和项目组"四个主题为模块展开内容。本书旨在帮助项目经理及渴望成为项目经理的职场人士树立更为完整的"项目思维"和"职场观"，全面提升职业素养，厘清自身的职业诉求，发挥最大的主观能动性为自己规划好职业路径，发展成为经得起市场检验的顶级项目经理，并在职业道路上可以更为高效、精准地找到努力方向，坚定前行。

图书在版编目（CIP）数据

卓尔不群：成为王牌项目经理的28项软技能 / 唐川著. —北京：中国电力出版社，2019.4

ISBN 978-7-5198-0871-6

Ⅰ.①卓… Ⅱ.①唐… Ⅲ.①项目管理 Ⅳ.①F224.5

中国版本图书馆CIP数据核字(2019)第041414号

出版发行：中国电力出版社

地　　址：北京市东城区北京站西街19号（邮政编码100005）

网　　址：http://www.cepp.sgcc.com.cn

责任编辑：李　静　　1103194425@qq.com

责任校对：黄　蓓　　太兴华

装帧设计：九五互通　　陈子平

责任印制：钱兴根

印　　刷：三河市万龙印装有限公司

版　　次：2019年4月第1版

印　　次：2019年4月北京第1次印刷

开　　本：710毫米×1000毫米　16开本

印　　张：11.5

字　　数：145千字

定　　价：48.00元

推荐语一

　　本书很好地站在了管理者的角度概括了培养优秀项目经理的原则和标准，并对最难自学的软技能相关知识进行了全面的梳理和细致的解析，让项目经理和想要成为项目经理的人都更明确自己的努力方向。本书以较为精妙的手法完整呈现了各项软技能要求下的思考与实操要点，让人能够轻轻松松地学习到实实在在的知识。

管清友

如是金融研究院院长、首席经济学家

推荐语二

　　"不想成为将军的士兵不是好士兵。"（拿破仑）在当今快速发展的市场竞争环境中，每一位有志之士都希望干一番大事业，当然，也需要一定的指导。《卓尔不群》这本书不仅适用于项目经理，它对即将步入社会的大学毕业生同样具有实用价值。

　　本书从诚信、责任心、适应能力、情绪控制、定位自我、尊重他人、自如社交、诉求之满足、非正式场合之互动、最大限度调动积极性等诸多方面给以引导，并在每个章节中传授专家们各自的成长经历和成功经验。在强调专业知识、技能的同时，亦强调了决定一个人能否成功在于其是否能理解人与人交往的重要性——这是一门需要学习的艺术。以善良的心相处，懂得感恩，做事先学做人，事业才有成功的可能，才能成为令团队称赞的领军人物。

李 棠

上海音乐学院教授

音乐戏剧系声乐教研组组长

中国音乐剧协会教学专业委员会委员

推荐语三

　　随着市场的高速发展，学校教育与社会实际发生了一定程度的脱节，很多学生在就业或创业之初往往会遇到许多令他们无力解决的难题。但综合看来，很多情况下，这些职场新人缺少的并不是专业知识，而是能让他们更好地理解社会，找到自我定位，并努力获得他人认同的软性知识和解决问题的能力。所以他们迫切需要合适的、来自社会视角的方法予以指导。本书很好地归纳了学生除专业知识外必要的社会生存知识，让初出校门的毕业生能够更好地应对来自各方的挑战。

罗守贵

上海交通大学安泰经济与管理学院教授

应用经济系主任

推荐语四

软技能是项目经理通往卓越之路的加速器。本书有助于年轻项目经理更好地理解软技能，因为理解，从而改变，成为出色的领导者。

寿涌毅

浙江大学管理学院教授

推荐语五

　　在职场内的各项生存要点中，软技能无疑是体系最发散且最难学的应用型知识。但本书做到了化繁为简，在深入思考和实践案例之上，对软技能做了恰到好处的概括与分门别类，让读者可以以很短的时间、很高的效率来学习软技能这项复杂的职场关键知识。

吉　承

JICHENG 品牌创始人、设计总监

自 序

本书的创作灵感源自经常被问到的两个问题：第一个问题通常来自我的同龄人或比我再年长一些的人，问题的内容大致是"想不通谁谁谁究竟哪里比我强了，为什么他总是能够得到领导和其他人的重视"；第二个问题一般来自"90后"的同事或合作方代表，问题的大致内容是"我觉得我工作能力不差，但为什么总是被别人当'小白'看待"。第一个问题透露着无奈，第二个问题透露着不甘。虽然问题诉求不同，但是核心的解却是相似的，那就是怎样用完整的"职场观"去面对职场。

其实职场不复杂，简单地说就是"做事""做人"，即把事情做完善了，让别人没有过多可挑剔的地方；同时让自己成为受人喜爱、值得信赖的人——做到这些，职业道路很难不一帆风顺。但是要怎么做到上述两点呢？

很多"成功学"的书籍会找到一些"关键点"来教育职场人士抓住支点改变自身的全貌，比如一些深度讲述沟通、时间管理、演讲能力、意志力、创造力的书籍。虽然这些书说得在理，同时在一定程度上也是有效用的，但是在现实中往往不足以全面提升职场人士的综合素质。职场人士按照书中模板研习、实践之后往往难以有切实的改变，以至于让人极易在训练的过程中半途而废——书是好书，但是一两本却不足以满足人们对于成长的需求，而现代人花在自我修行方面的时间往往比较有限，所以一本更为全面、精练的职场成长类读物或许对现代职场人士更容易起到实际的作用。

  为了更好地解决两类职场人士的切实问题，我写就了这本书。全书的主旨就是，帮助职场人士树立更为完整的"职场观"，让希望在职业道路上快速发展的人生积极分子能够更为高效、精准地找到努力的方向。至于为什么着重讲"软技能"，而淡化对硬技能学习范式的讲解，主要还是因为人们通常对硬技能，即专业技能的认识比较充分，知道如何通过教材、培训班给自己充电；但是因为不清楚软技能的构成和作用，而往往忽略软技能的提升，甚至工作十余年后软技能依然空白，以至于不具备合适的综合素质去承担更大的任务、更重的责任，在单位中也难以被提拔晋升至管理层岗位，同时也难以获得足够多的资源以支撑事业的发展。简言之，因看到大部分职场人士无法做到全面发展的主要制约因素还是软技能，所以此书就挑重点来讲了。至于为什么从项目经理的角度切入，一是希望本书教授的知识是直接可用的，所以就需要一个各类企业都通用的岗位作为载体，让知识有切实的应用场景，而项目经理的岗位无疑是最合适的；二是因为受"矩阵"式组织结构的影响，以项目、项目组或项目公司为基本单元的企业业务拓展模式已经成为市场中占比最大的通用方式，所以职场人士以"管好项目"为出发点提升自己，对企业和个人而言是同时有益的，个人价值也能够最大限度地体现出来，从而能在自我能力提升的同时受到领导和合作方的认可，进而摆脱"两个问题"的困扰。所以，这是一本"实用主义"的职场成长教材。

  当然，本书既然以"成为王牌项目经理"为目标，所谈知识必定与管理有关——本书的框架和基础内容是我多年工作经验与项目管理经验的总结，包含了我认为比较重要的软技能和部分管理学的知识。书中会将项目经理需要提升的各项软技能与管理能力相关联，以期能够帮助初入职场的新人及具有一定工作经验的项目负责人、职业经理更为完整地打造自身的职场生存知识体系与管理技能。需要指出的是，本书的书名并非基于我本身的市场地位而起——因为三十出头就称自己为"王牌"未免有些夸张了。其实我是以对"最优秀项目经理人"的认识为基础来构筑本书的，书中的理论不单依附我个人的经验和认识，部分理论的补充与项目经理案例总结、取材于身边的在各项软技能要素下表现最为优秀的项目经理的个人经历与平日所述——有了这些来自其他顶尖项目经理人的真实素材的补充，本书也就能够更好地指引读者走上"王牌项目经理"之路了。

最后，我还想对帮助过我的人表示感谢。首先要感谢我的目标读者人群——我身边的职业经理人、合作方的职业经理人及年轻员工对我的帮助，如果没有你们对于"软技能"知识的需求与配合调研，也不会有本书的诞生。同时，我要感谢浙江大学管理学院寿涌毅老师，上海交通大学安泰经济与管理学院罗守贵老师，上海音乐学院李棠老师，如是金融研究院的管清友老师，JICHENG 品牌创始人吉承老师，多年来给予我的指导与帮助，以及对本书的推荐。 其次，我要感谢上海财经大学 SRC 俱乐部的创始人刁孝力、刘畅，遂真投资公司的翁翠，北京市惠诚律师事务所的薛起堂律师，上海东方明珠集团的邵昌浩，上海戏剧学院的刘筠超及夫人石蕾在我写作过程中给予的种种帮助与支持。当然，我必须重点感谢中国电力出版社的编辑们及其他项目管理专业领域内的朋友对我的鼓励与支持，他们的专业意见是我完善作品的必要养分。我希望经过市场的检验，有朝一日这本书能够成为指导职业经理人与职场新人完善自我能力的必读书籍，进而发展成为人们在学习管理学、项目管理，以及职场知识时最"喜闻乐见"的一本书籍，并能被需要它的人视为佳作。

唐　川

360 金融投资总监，360 金融研究中心总监

国际项目管理协会认证的国际项目经理（IPMA Level C）

前　言

在当前市场环境中，如何快速占领市场，快速将产品推陈出新以吸引、维护客户，如何合理进行投融资工作以保证企业财务状况的健康，如何合理规划管理体系以确保企业稳中求进等问题已经成为我国各类主体企业共同面临的战略性问题。相应地，能够定向击破这些问题的职业项目经理也就成为当前各家企业争相抢夺的稀缺资源。故而如何成为这种稀缺资源也就成了每个职场人需要用心、花时间去思考的重要问题。

如何去规划自身的职场路径才能让自己稳妥晋升为符合市场与时代需求的职业经理人呢？简单地说，其实就是两方面的成长：第一，是"硬技能"；第二，是"软技能"。"硬技能"即专业领域内的技能，如建筑设计技术、软件编程技术、会计技术、营销文案写作技术、工程监理技术、金融产品设计技术等。从国际项目管理协会所制定的"国际项目管理专业资质认证标准"（ICB）中的"能力要素"角度来看，"硬技能"即"技术能力要素"的部分，以"知识"的掌握为主，借由"经验"加以优化。而"软技能"则是那些缺乏客观标准及考核机制去衡量的技能，往往是个人对自身和他人潜意识中造成影响的那些技能，其具有"说不清、道不明"的特征，但做好了往往能够对项目的推进和自身职业的发展形成正向的影响——当然，要将硬技能做得更好，往往也需融入许多软技能，以将工作做得更为深入人心。结合 ICB 中的"能力要素"来看，软技能主要是"行为能力要素"和"环境能力要素"的部分，通常发展自"经验"，内化成"个人素质"。正如有经验的管理者所说：在职场中做事，不单是做专业范围内的事情，很多专业范围外的工作也是一个人综合素质的体现。这其中便透露了软技能对于管理工作的重要性。

当然，软技能对于初入职场的青年人来说很难准确地理解其含义，但是对已经认真工作三五年的人而言，即使还未身居管理岗位也能深刻感受到其对职业发展的重要影响，并且也会有意识地培养软技能。当然，即使感觉到了自身在软技能方面的短板也不必慌乱，亦不可急于求成，需要沉住气去感受、去提升。获取适当的指导和思考范式也是必要的，那样可以避免我们摸索范围过大而花费不必要的时间——比如可参考本书给出的知识点进行自我提升。需要说明的是，本书提出了软技能的知识框架，并不是要将软技能做科学体系化的"硬升级"，而仅是对读者进行适当的提示，以帮助读者梳理一下自身在职业发展中的薄弱环节，以便更快地找到要点来完善自我，从而取得更好的职业收入和职场地位——事实上，本书也是以"个人职业发展的辅助教材"为定位而设计的。但之所以以管理学中的项目管理分支作为切入点，一是因为在当前的市场环境下项目管理的知识体系与一般管理的知识需求较为趋同，且软技能对于两者而言具有较强的通用性；二是因为在一般企业中，职场新人要晋升为企业中高层管理者，"项目经理"的岗位往往是必经之路，在这个岗位上良好的综合表现往往能够让上级领导印象深刻，并且项目管理的高技术性要求对于职场人士自身而言也能使管理技巧变得更为扎实，进而可以有能力去承担更为重大的管理责任。

希望读者读完本书后可以用心思考自身的自我完善方向，以期在职场中可以顺利地获取更多有价值的资源和肯定，将项目管理的工作做得更好，也能将自己的职业路径设计得更为完善。

目录

第一章

无痛成长

——项目经理可自我培养的八项特长

一、即刻改变　自学成才

开篇案例

　　知名股票经纪人克里斯·加德纳在根据其亲身经历撰写而成的职场传记《当幸福来敲门》的"加州的梦想"一章中，曾谈及自己如何通过证券公司的考试而成为股票经纪人的心路历程。对于一个未曾从大学毕业，且曾经多年从事医疗器械销售的黑人而言，克服种种心理障碍和现实困难去通过决定其命运的证券公司的考试并非易事。并且在加德纳看来，这项考试本身亦是难度非凡——他在书中形容："考试失败率高达60%以上，内容覆盖华尔街的全部领域：金融工具、金融产品、证券、债券、市政债券、公司债券、可转换股、优先股、相关规章政策等，不一而足。大学里的经济课程或 MBA 项目中都不会涉及这种深度……如果在其中一个部分失利，那么就会导致整个考试的失败。"所以，为能够一次性通过考试，加德纳设计、组织了自身的自学系统，包括在实习期为公司里顶尖的业务高手安迪·库珀打下手，在业务接洽的过程中利用一切机会多多学习，尽可能积累经验，为己所用；在夜里通过苦读书本学习知识和技术，做到学习时心无杂念、全神贯注；比较关键的就是，远离虽毕业于名校但是数次考试均未通过、还总是抱怨公司存在种族偏见、满是负能量的黑人兄弟鲍勃。数月后，加德纳以紧张但却兴奋的状态完成了考试，针对这项考试，他描述道："我确实有备而来，没有什么能难得住我；什么偏题怪题甚至什么偏见都不在话下。考试并不是很难。实际上，我很快便做完了试卷第一部分的题目，而且还剩下些时间可以检查，休息片刻后回来做第二部分题目，感觉也很轻松。"最后，加德纳在这次考试中得了88分的高分，进而也就有了我们所熟知的知名股票经纪人克里斯·加德纳。

这个真实案例不仅是在描绘一个来自社会底层之人励志的职业观，同时也让我们看到了"自学"的力量——一个完全零基础的门外汉，通过扎实的自学，最终不仅傲视群雄取得了连名牌大学毕业生都无法企及的考试成绩，而且还克服了自身对考试的恐惧，让自己的自信心有了提升，进而更有底气去争取平等的职业发展机会。而成就与自信对于每一个职场人来说都是难能可贵的，不是吗？

在当今市场，没有什么是一成不变的，在互联网技术引入日常生活、实体产业和金融业之后，从生产端到需求端都在不断地改变、升级，产品及与之相对应的服务跟着时代的节奏快速迭代，各类项目皆面临新的内容、新的挑战。而在这个过程中，项目经理必须是项目组中最明确项目实施目的的人，所以无论是负责与客户相关，即营销推广、产品服务设计类的项目，还是负责后台，即生产制作工艺优化、项目建设、管理流程优化等类型的项目，对于项目经理而言，顺应新时代需要及时更新知识体系都是尤为必要的。

柯达公司和诺基亚公司都曾经无比辉煌，但都败在了自己的"守旧"上，而相比之下，曾经也无比辉煌的迪士尼公司与苹果公司因能够不断顺应时代需要做出及时调整，高效并合理渗透到客户的生活中，并在后端合理调整生产格局，压缩部分次主流产品的"生产线"并扩大生产更受市场欢迎的产品，至今依然可以屹立不倒——从苹果公司压缩电脑产量主攻手机产品，以及迪士尼公司扩大知名品牌IP和明星团队电影（如复仇者联盟、星球大战、加勒比海盗等系列影片和皮克斯团队影片）的制作量并压缩浪漫主义题材电影数量就可见一斑。而指导这一切实现的正是管理团队与时俱进的经营态度和过人的学习能力。

项目经理的一大职责就是带领项目走向成功，若项目经理能不断学习、扎实掌握新知识，也自然能够最大限度地避免项目"过时"，并在迅速变幻的市场格局下占据有利位置。所以，项目经理需要充分学习当前市场环境下同类项目运作的相关知识，充分吸收、完善整理，并第一时间培训团队成员进行"知识升级"。此外，如果项目经理能够时刻保持吸收行业前沿的知识与信息，对于提升团队凝聚力和提升自身的领导力都有正向的推动作用——因为掌握更多的知识意味着能够更为完善地解决项目所遇到的相关问题，那团队成员对项目经理的依赖度就会提高，最终会令项目经理自然地发展成为项目组内的精神领袖。

当然，本节的关键是强调学习能力的提升，而非单位时间内学习量的提升，不过学习量的提升是学习能力提升的目标，且学习能力的提升自然会达到学习量及学习效率提升的目的。所以，在明确此先后关系之后，我们便知道机械地增加阅读量或是参加专业知识培训班并不能等同于提升学习能力，那些只能让人多些知识，得到的是鱼，而非钓鱼的技巧。简单地说，项目经理需要提升的是高效学习、系统储存知识并将其内化为职业能力的技巧，所以促发学习动机的方法是首先需要掌握的，其次便是如何"强迫"自己将已吸收知识的分类存放体系建立完善。以下有几个方法可供项目经理参考。

（1）找到在主观方面最能够触发自身学习动力的方法，可时刻提醒自己这是自身在团队中树立威信的最便捷方法。

（2）为自己设置一些里程碑式的任务节点，比如以参与一次注册会计师考试为目标，敦促自己学习并夯实相关基础知识。

（3）寻找行业内专业度得到一致认可并具有一定公信力的老师，参与其课程或是想办法与其进行交流，在其帮助下完善知识体系的建立，使自己在学习的同时获得行业的较高认可度。

（4）设立一个有关领域内专业知识传播的公众号，敦促自己每周撰写原创文章或进行内容更新，并将自己撰写的文章与项目组内成员分享。

（5）经常性地参与行业协会活动或其他相关活动，与业内人士充分交流，如条件允许也可自己作为活动的发起方吸引业内人士加入。

以上五点，前两点是触发自身学习动机的方法，后三点是督促自身系统梳理知识的方法。因为大部分人有时会选择以懒惰、消极的方式去面对学习，所以无目的的学习远不及有目的的学习效果好，故而以上给出的五种方法都带着一定的目的性。另外，关于系统梳理已学知识的能力，常人单靠自己的努力一般是无法完成的，但通过与他人交流并获取他人的反馈往往能够达到非常好的功效，这也是为什么此处建议项目经理在掌握一定知识后积极参与与行业专家或行业读者的交流。

本节的最后，我将引入某项目经理的一段自述，内容是关于其对职场中自学重要性的认识，以及他自身的自学经历和技巧。此人供职于国内知名大型零售商业集团，该集团于2018年初正式被国内大型互联网巨头全资控股，身为该商业集团营销与公关总监的他自然面临着备受打击却又令人兴奋的职业转型——当然，该商业企业被互联网巨头收购的过程持续了一年有余，这也令他获得了一年有余的转型缓冲期。此处，他将讲述自己如何从一个传统零售业营销项目负责人成为以"互联网+零售"为战略的"新零售业"营销项目负责人的自学历程。

"我认为自学能力的提升应该分两步走，第一步在于找到能敦促自己持续学习的动力。对我而言，这个动力就是'兴趣'和'职业发展的前景'。从我在公司的第三年起，公司逐渐被国内互联网龙头企业'吞并'，相应地也将从传统零售产业走向'互联网+'的'新零售'发展模式。这期间，无论是企业运作模式还是企业文化，都面临着巨大的调整，作为负责品牌工作的经理人，我在其中负责了许多品牌理念转型、营销转型的项目，而这过程中，免不了大量的自我学习、自我提升工作。不过，对我而言，此番转型虽然充满挑战，但并没有令我感觉到那是特别大的煎熬。因为加深对互联网产业的了解一是符合我自身兴趣爱好的，二是我认为这对我个人职业发展是有帮助的——未来十年，所有传统行业势必都将面临'互联网化'的转型，而我能够成为这其中较早的一批人中的一员，我感觉十分幸运，自然学习动力也就强了。所以，我这为期近两年的从传统零售人向互联网人的转型也走得非常顺利。

自学能力提升的第二步在于找到使知识变得扎实的方法，于我而言，这项工作靠'分享'来完成。可能是本身做营销工作的缘故，我的周末时间一般都不会选择自己独自度过，而是会约上几个好友一起喝茶、聊天。在这过程中我会把新学到的一些知识与朋友们分享，因为我接触的知识往往较前沿、较实用，所以也能得到朋友们积极的反馈。此外，我还成立了一个叫作'知识合伙人'的组织，参与者都是互联网与消费品行业比较活跃的朋友，我们会定期举行聚会，分享近期项目经验或读书心得。

当然，对于项目经理而言，对项目和企业有帮助的知识不单是自己掌握就可以了，更为重要的是让团队其他成员也可以掌握。就拿我自己的亲身经历来说，企业在面临转型的过程中，企业文化、工作方式、激励机制、系统与软硬件配置等都在面临着重大的调整，而这些不免会令许多员工感觉到难以应付、无从下手，这时就需要各个模块的项目经理去教员工新的知识，并且教他们如何适应未来的发展。当然，授人以鱼不如授人以渔，有时候新的技术和新的模式会很快地冲击到我们，唯有员工自己掌握高效自我提升的方法，团队才能第一时间做到应付自如。企业想实现目标，归根结底还是'因人成事'，所以项目经理就需要最大限度地培育好员工的学习能力，让每个人都能通过自学快速掌握符合时代要求的新知识，进而才能做到人尽其用，企业才能在'升级'中走得更为稳健。"

二、夯实知识　以写提升

开篇案例

　　迪士尼公司是一家拥有一万多名员工的大企业。如今，该公司的员工意见沟通机制已经相当成熟和完善，其建立在这样一个基本原则上：个人或组织一旦购买了迪士尼公司的股票，就有权知晓公司的完整财务资料，并得到相关资料的定期报告。本公司的员工也有权知晓并获得这些财务资料和一些更详尽的管理资料。为保证信息传达的顺畅，迪士尼公司设计了基于员工协调会议、主管报告和员工大会的信息共享机制。

　　为了使公司一万多名员工充分沟通，迪士尼公司将员工协调会议分成了若干层次，在公司内形成了90多个员工协调组织。如果有问题在基层协调会议上不能解决，将逐级反映上去，直到员工收到满意的答复为止。同时，为了配合这一管理策略的实施，迪士尼公司在职场内安装了许多意见箱，员工可以随时将自己的问题或意见投到意见箱里。此外，为配合这一计划的实行，公司还特别制定了一些奖励规定，员工意见一经采纳，如果产生显著效果，公司将给予优厚的奖励。令人欣慰的是，公司从这些意见箱里获得了许多宝贵的建议。

　　同时，对员工来说，迪士尼公司的主管报告与每年的股东财务报告、股东大会相类似。公司会发给每位员工一份详细的主管报告，这份报告有 20 多页，报告公司的发展情况、财务报表分析、员工福利改善、公司面临的挑战，以及对员工协调会议上所提出的主要问题的解答等。公司各部门接到主管报告后，就着手准备员工大会。

基于此案例所谈及的管理模式，我们可以看到，无论是基层员工还是主管，如果能掌握较好的写作技巧，在做汇报时，不仅可以让其他人更快、更精准地理解自己的意见，也能够让直系上级更快地注意到自己，虽不是刻意表现，但事实证明，这种来自上级的注意将使员工能够更有机会获得职业上的突破。

在说完了"提升自学能力"之后，我们有必要来谈一谈写作能力的提升。写作是测试知识掌握程度的重要途径，从儿时语文、英语考试时的作文写作，到长大后的毕业论文写作，再到公务员考试、司法考试中的文章写作，人生的各个竞争环节无不充斥着"写作"的身影。但遗憾的是，目前职场内越来越少的人会真正关注到写作的重要性。造成此现象的原因，一是"应试教育"让人们更多地将写作当成是考试的"标的"，而非内化知识后的输出，所以在毕业后走上社会之时就将其直接抛在脑后，许多人甚至将"写作"看成一场不愉快的人生经历而心生排斥之感；二是在互联网信息快速交互的当下，许多基础工作甚至专业工作涉及的文案往往能够下载完整的模板，比如工作汇报、营销策略 PPT、实验报告、调研报告，以及可行性研究报告等类型的文案，这就让许多人产生了偷懒的心理，满足于当前问题的解决，而放弃了对写作的钻研。

事实上，在职场中，写作是展现工作成绩的一个良好途径。职业经理人可以通过写作将自己的思路整理清晰，也能通过写作让他人明白自己的专业能力、理解力的水平。并且基于传统形式的研究型、市场调研型、实证研究型报告，项目经理还能发展出演讲稿、项目方案等各类形式的应用型文稿，为项目、团队成员或上级领导补充对外沟通的素材，可谓是一举多得。不过，鉴于很多项目经理对于写作练习存在一定程度的畏难情绪，尚不能下决心全方位地提升自身的写作能力，故为降低学习难度，调动项目经理的学习积极性，此处不对所有类型的职场应用文和研究报告的写作能力提升方法进行介绍，而特别介绍比较能够得到上级认可或市场关注，对职业发展帮助较为突出的几类文稿形式的练习方法。项目经理在写作能力培养的初期只要针对这几类文稿勤加练习，就能在能力提升和职业发展上收获满意的结果。

（1）政策和市场分析报告。此类报告是最容易引起企业内外专业人士兴趣的文稿。写作提升的要点在于积累和专业性的融入。因为无论是政策还是市场信息都是有连续性的，项目经理需要养成关注与自身行业相关的政策和市场要点的习惯，并以合理的逻辑进行整理，之后通过自身专业化的视角对政策和市场信息进行分析与总结。可以参考各大证券公司行业研究报告来提升此类报告的写作完整性、规范性。同时，项目经理可在报告完成后将其分享至企业公众号或群里，以敦促自己持续优化、避免错误的发生。

（2）阶段性项目报告，包括项目周报、项目月报等。此类文稿能够保证各成员及项目参与方都能清楚地了解项目工作的每个环节并消除信息不对称。写作以"全面"为核心，不要忽视细节的呈现，注意介绍已完成工作、项目数据，并基于专业和对市场的认知分析趋势、研判风险。可以参考我国市场监管和市场信息披露相关单位的月报或年报的写作框架。

（3）项目执行方案。此类文稿通常由项目可行性研究报告、市场与政策分析报告和以往的方案组合而成，在项目管理十大领域框架的指导下完善并完成。写作重点在于细致和分工明确。因为主要作用是落实工作，所以项目经理的经验就比较重要。此类文稿写作能力提升的方式及目标主要是在借鉴过往文件的基础上通过实践反馈不断修正，以最终达到项目成员通过执行方案就可合理安排自身工作的效果。

（4）演讲稿。主要包括项目经理自己的演讲稿、上级领导的演讲稿和其他利益相关方负责人的演讲稿。演讲稿事关企业和管理层的形象，是公司高层极为重视一类文稿。当项目经理在专业领域具有一定权威性且知识体系较为完善的时候，可以主动请缨承担起演讲稿的写作工作，以获得领导更大程度的认可。演讲稿的内容通常包括：①宏观层面的市场、政策分析；②公司的发展理念和主要目标；③公司在过去完成的任务和所取得的成绩；④下一阶段的调整和工作目标；⑤下一阶段的主要工作安排；⑥公司愿景。项目经理可参考"政府工作报告"等权威稿件训练此类文稿的写作能力。

（5）一张纸简报。丰田公司相信只要员工在整理时准确地抓住了要点，有效地整理了要点，无论是策划书还是其他报告书，任何资料都能够浓缩成简短易懂的文件——如果员工办不到，公司就有理由认为他在整理方面缺少思考能力，缺乏提高效率的意识。因此，为了培养员工的总结、分析、整理能力，为员工日后可以高效地完成管理工作打下扎实的基础，丰田公司要求员工贯彻"一张纸整理法"，即在一张纸上将工作要点或报告精简地表现出来。面对复杂的项目，上级领导和利益相关方往往不能够以极大的耐心将项目资料全面通读，这时如果能有准确、精练的概括性文稿来帮助他们理解项目，将会节约很多不必要的沟通成本。故而项目经理应训练好自身的概括总结能力，学会在一张纸上呈现报告的要点及项目工作，以让想要了解项目的人可以迅速掌握项目的精髓。此类文稿写作能力的提升主要在于抽象能力和逻辑性的训练，项目经理可将完成的文稿交由熟悉项目的组员和上级通读并让他们给出修改意见，找到自己在要点提取和信息逻辑关系安排方面能力的不足，以持续完善。

　　此处需要提醒的是，项目经理在练习的过程中要注意文章的原创性，不要直接拼凑网络素材。可尝试独立完成一些专业性较强的研究报告并投稿至知名公众号或业内杂志——文章在权威媒介的发表，将有助于项目经理写作自信的培养。

　　此外，为了保持写作练习的持续性，项目经理也可自己开设一个公众号用于定期发表文章并推荐给好友圈。因为"圈"内好友往往是同事、业内合作伙伴，属于目标阅读人群，当他们看到文稿后给予的反馈也更为客观，更值得借鉴，所以利用此途径来帮助提升写作与自学能力实为比较好的一种方式。

　　本节的最后，我将邀请一位非文案出身且不专属于文字工作岗位的项目经理来亲述一下写作的好处，以更为有效地推动读者去关注到这项软技能，并能够找到一些适用于自己的参照样本。此处，某大型国有企业投融资部门高级项目经理廖先生来现身说法日常工作中写作的要点，以及文字作品的传播对于其项目推进和职业发展的影响。

　　"写作对我而言是一种促进交流的工具。举例来说，在项目运作的过程中，除了项目的前期方案、尽职调查报告，以及合同文本等必须形成文案的材料之外，通常在其他内部交流或外部沟通会议之前，我也都会事先准备好文字材料，分发到会议参与者手上并向其进行充分的讲解，以使观点可以系统性地传达给项目参与者，让他们与我产生一致的理解。这实为一种有效的做法，我在几年前采用了这种方式之后，在我项目组内信息不对称的情况就得到了有效控制，进而因为信息不对称而发生的误解和矛盾也就明显减少了很多。

　　除了事务性的写作之外，我也会将工作之余的时间花在原创文章的写作中，因为企业投融资工作与对行业时局的把握密不可分，尤其是与政策环境高频变化的金融业息息相关，所以对相关政策与市场事件进行及时分析有助于自身可以做出更为精准的决策。当把这些分析梳理成文并分享给项目相关参与者或其他业内人士的时候，也会加深他们对行业现状的理解，并直接或间接地为我方项目的推进带来帮助。此外，在我的原创文章公开传播之后，也会有许多行业内的人士在微信上主动加我为好友，且因他们在加我时借由我的文章已经对我有了一定的了解和信任度，所以后续交流可以在犹如友人相聚一般的氛围中展开，进而使我有效拓展了人脉。并且这些读者中有许多人有实际的资金投资需求或是项目融资需求，故有时也能带来切实的业务合作机会。

最后，我来讲一下我的写作小技巧。我认为职场中的写作与学术写作有着本质的不同，一般社科类学术文章的写作讲究前沿的视角，以及严谨而科学的分析方法的运用，而在工作中的写作讲究提纲挈领，将要点讲得有理有据即可，无须过多的统计学和数学模型的支撑，门槛并不高，所以项目经理主要训练的其实是归纳总结的能力。起初我用于自我训练的方法比较简单，就是多看优秀的文章，看别人是怎样总结的，然后一直坚持通过创作公开发布的文章对自己的总结能力进行测试，并借由市场的反馈进行调整，大概一两年后就能撰写出对政策与市场给予相对客观评价，并得到业内人士普遍共识的文章了。并且我认为这种能力也能延伸至其他方面的工作表现——现在我对于一般任务和项目工作要点也都能较好地总结到位并传达给他人，故而可以说，写作训练不单是训练了我'写'的能力，也锻炼了我'思考'的能力。

此外，从职业发展的角度看，写作也是让领导发现我们才华的好方法之一。我因我的文章获得了领导对我专业能力的认可，也获得了管理团队对我工作的极大支持。不得不说这一切使我的职业道路走得更为顺利，也让我在一种良性循环中逐渐提升了专业领域中的市场地位。所以，千万不要小看文字作品的价值，是它们组成了通往高级职业经理人之路的阶梯。"

三、管好时间　平衡各方

开篇案例

　　曾担任美国阿肯色州州长，并多次参加过总统竞选的迈克尔·戴尔·赫卡比是个大忙人。他一周至少工作 6 天，主要工作内容包括主持每天 3 个小时的广播电台节目，每周四播放的一档电视台新闻节目，以及每周日播放的一档新闻快讯，同时他还兼任浸信会牧师，并且他已完成了十余部专著。此外，他在每次竞选失败后都会成为共和党最积极的支持者，他会在全国各地奔走，为其他共和党候选人筹集资金并拉票助选。事实上，赫卡比能同时完成这么多项工作与他非常看重时间管理是密不可分的——他曾在采访中表示自己是一个非常有组织、有条理的人，几乎从来不会傻傻地坐在那儿看电视。即使是被他视为"安息日"的周日他也会事先安排好时间。他曾建议道："千万不要在毫无安排的情况下去贸然休息，因为这样做的话你会浪费一整天时间来思考到底要干什么。如果你想看某一本书，那就把它拿出来放在旁边，并制订一个阅读计划。同时，要切记坚守承诺，并暗暗告诉自己：这是已经约定好了的事情，就像去医院看预约门诊，或是去公司上班一样。"

　　时间、质量、成本是项目管理的三大核心知识领域，但是不同于"质量""成本"仅依附于项目存在，"时间"无处不在。事实上，项目经理无论是在工作时间，还是在家庭生活时间、娱乐时间、学习时间的活动安排都会对项目的推进产生影响。因为上述每一时间段都可剥离出"项目相关时间"——举例来说，项目经理在与家人周末度假时可能会接到来自上级或客户的紧急电话，需要处理一些项目上的事务，随后可能会花去数小时时间在工作上，如果不事先就做好合理规划并告知家人将会预留出些许工作的时间，那可能会导致与另一半或孩子产生不必要的矛盾；同样地，项目经理安排与朋友出去打球、打牌或是唱歌等娱乐活动的时间很有可能会与项目参与人一起度过，在此过程中就涉及工作事务和工作外事务的讨论安排，项目经理在此过程中既要把握娱乐的纯粹性，又要适时切入话题，在解决工作事务的同时又能在轻松氛围中推进彼此感情的增进；至于时间如何分配到项目与工作上其实比较好理解，人在青壮年期事业的发展最为重要，所以自然地会将大部分时间围绕工作的需要而展开，但人固然也不能失去闲情雅致，偶尔也要读些闲书，看些电影和戏剧陶冶情操，让精神世界平衡，也是让自己感觉到对生活满意的方式。

所以项目经理做时间管理不单是管理分配时间长度本身，更重要的是管理好各大时间段内的小时段插入节点，合理安排事务，管理好他人的心理预期，令各方满意。当然，管理好大时间段的分配是其中的基础，如果一位项目经理连大时段都掌控不好，在工作上无法做到合理估计效率，适度分配，仅靠带领团队加班、过度工作来保证项目的按期完成，同时生活又是一团乱麻，再加上自身作息时间还极不规律，那说明这位项目经理还不具备优秀项目经理应该具备的个人素质，某种程度上来看，也无法承担过于复杂的项目管理工作。

从技术上来看，时间管理除了国际项目管理协会和（美国）项目管理协会相关辅导教材在"时间管理"章节中介绍的关键路径法等工具外，在软技能方面还有一些重要的考量因素——也是此处想着重介绍的。故总体来看，完善的时间管理可从以下几个方面入手。

（1）通过行业交流和学习，明确地知道自己管理的项目各工作环节社会平均完成时间是多少，在此基础上为自己的项目做好合理的时间估算。

（2）熟练掌握关键路径法——在通过项目"范围管理"环节之后，项目的工作内容会分解成关键路径上的工作和非关键路径上的工作。关键路径上的工作"手拉着手"、相互连接，直接决定项目的时长；而非关键路径的工作通常操作时长会短于该时间节点的关键路径的时长，在关键路径工作的"臂膀"之下会有一定的缓冲期。项目经理须在做项目计划时就要明确知道影响项目进度的关键路径在何处，并且亲自负责关键路径上的工作进程。

（3）要清楚互动对象的"时间满意度"，即关于时间的心理预期，在安排时间时需要知道能让对方最为舒服的时间长度。举一些最简单的例子，比如一般员工认为一天上班 8 小时是正常的，如果加班 2 小时往往也是能够接受的，但是如果一天工作超过 10 小时了，那必然会造成其"不爽"感；再比如和朋友约了晚上一起吃饭、唱歌，那从 7 点到 11 点 4 小时的时长可能是比较合适的，如果时间长于 4 小时，那可能会影响对方正常休息；和家人也是一样，如果答应要陪孩子玩耍，如果时间少于 2 小时，孩子可能会觉得根本没玩够；诸如此类。所以，项目经理如果要安排时间，需要事先弄清楚多少时长对于和你相处的对象而言是最合适、最具舒适度的。

（4）平衡工作与生活。须知，平衡工作与生活，主要就是时间的平衡。建议以工作时间、家庭时间、娱乐时间、学习时间为模块，做好时间的年度、月度，以及周、日规划，争取每年、每月的日程安排中，纯粹的工作时间在非睡眠时间的三分之二以下。

（5）适时使用紧急、重要四象限法则，让每日的事务有条理地完成——因为在实际的项目工作中，事项总是会受领导意愿、政策环境、市场格局等因素的影响而发生变化。所以，在做短期规划时，尤其是在做当日事务规划时，可以参考紧急、重要四象限法则来安排（见图 1-1）。须注意每日留出一个小时"缓冲时间"来调节工作或生活的超时。

	紧急	不紧急
重要	A 立刻处理	B 根据你的愿景和价值来组织这些活动
不重要	C 不要把所有紧急的事都视为重要的事——好好选择并加以评估	D 尽量减少或予以剔除

图 1-1　时间管理四象限法则

本节的最后，将由王律师来说说时间管理的个人经验——王律师在 10 年前曾任奥运公园建设项目的律师团首席律师，现在不仅受到财政部、发改委等国家部委的认可并被纳入专家团队，同时也是北京市律师协会某行业委员会主任，有着十余年法律类项目的管理经验，同时在时间管理上也有着极为实用的经验。下面我们就来看看王律师的时间管理策略。

"时间管理，我有两大原则。首先，时间的管理与预约模式的设计要紧密相连，在我这里，不同的事情预约需要提前的天数不一样，比如要占去连续数天时间的授课我一般要求提前一个月预约；评审项目及与客户见面要提前两周预约；朋友见面一般在非工作时间，所以提前一周预约即可。

其次，我认为时间管理和预期管理是紧密挂钩的，不同的相处对象在不同的情景下对你的时间要求是不同的。举例来说，在我第二个孩子也就是我的小女儿出生前，我往往会把'工作时间'带回家，而现在，我在家通常不会安排工作时间，因为我的小女儿才 4 岁，每次回家的时候我都要负责照顾她，所以这样的安排也是最符合我妻子、女儿对我的预期的。换个角度再举个例子，如果一位客户在一周前就约好了2月1日要与我见面，可就在2月1日的前一天他突然说没空了，要与我在2月2日见面。面对这种突发式的改期我很有可能会无法调整出时间与他在2月2日碰面，于是我就会安排其他有空的律师与这位客户见面。也就是说，这位客户在这次会面中与我的共处时间可能为零，并且我相信这位客户也是会理解的，因为是他打破了我们之前的共识，自主做了临时改期，他的心理预期势必会因不当的行为进行了调整，所以，即使不能得到我的时间分配他也会知道这是情有可原的。

我相信，说到这里，你应该会比较明白：'时间'永远不是一视同仁的，根据不同对象、不同预期、不同目的，会做不同的调节。但是要达成以上两个原则，还有一个非常重要的前提，那就是我习惯将个人的时间安排事先告诉他人，以避免没时间安排会面时或将产生的误解。

在这里，我也想提醒年轻人，适用于自身的时间管理模式的探索是个漫长的过程，切不可急于求成。比如说我刚当上律师的时候，虽然借鉴了领导传授的如何做好预约安排的经验，但是很多会议还是会同时撞车，把许多客户弄得都很不满意。但是后来我通过进一步地细化客户的类型并根据经验把不同类型的任务预约的提前量都和客户说明白了，现在就不会再出现当初那样的尴尬局面了，客户满意度也就随之提升了。所以，要想做好时间管理一定要对花时间共处的对象有充分的了解，同时对于自身的职业属性和相应的时间特征要有较好的把握，准确感知他人和自己相处是为了什么，想要得到怎样的体验，这样才能为自己找到最佳的时间管理模式。"

四、专业态度　重在情绪

开篇案例

　　"情商之父"丹尼尔·戈尔曼曾在他的首本专著《情商》中记录了一项调查——研究者要求经理人回顾对员工发脾气及愤怒到极点时进行人身攻击的情形。结果发现攻击所产生的效果与夫妇之间的攻击类似，受攻击员工的常见回应是为自己辩护、寻找借口、逃避责任，或者消极应对，尽量避免与发脾气的经理人的一切接触。如果将约翰·戈特曼分析夫妇之间情绪问题的方法用于受批评的员工，他们肯定会和自认为受到不公正对待的丈夫或妻子一样，产生愤怒的情绪，并视自己为无辜受害者。如果对员工的生理状态进行检验，他们很可能也会出现情绪泛滥的迹象，而情绪泛滥会使他们的想法进一步加强。经理人则会对员工的这种回应感到更加不满和气愤，于是恶意批评，如此循环，最后就会以员工辞职或被解雇告终——相当于员工和企业离婚。此外，一项面对 108 名经理人和白领员工的调查显示，不当批评的影响超过了猜疑、性格不合及权力斗争，成为工作冲突的一个主要成因。可见，经理人若无法控制自己的情绪，将会为组织带来毋庸置疑的负面影响。在新的竞争环境下，情绪控制力对职场和市场的作用越来越突出。在职业经理人领域，"铁血战士"代表着过去，而人际关系大师代表着未来。

　　如何在职场中成为一个招人喜欢的人？几乎每个人都会为此花上一些心思。一般来说，最简单的方法是做些个人外表上的美化或经常使用礼貌用语；较为复杂的方法是充分发掘互动对象的个人需求并为其实现目标提供相应的帮助；当然，还有一种较为居中的，简单但又不那么肤浅的方法，那就是通过自我情绪管理来获取他人的好感。

情绪管理，简单地说，就是管理好自己的情绪，使之符合他人眼里最合适的表现。当然，要实现这个过程不仅要对自我在各种情绪中传达出的外部表现、真实感、感染力有较为全面的了解，也要对他人的情感触发点、在特定情绪下的反应，以及情绪互动的关注点和节奏能够有较为快速的把握，同时也要对情绪的控制、迅速调节，以及共情等技术手段驾轻就熟。通常来说，天生情商较高的人比较能够做好情绪管理，但是对于情商不太高又一直回避情商训练的人来说——尤其是在年轻时主动选择计算机、理学、工程类专业的部分人群，要做好情绪管理，可能要下大功夫。

不过，从技术上来说，只要有了情绪管理的意识，每次与人接触时做到刻意约束并实时教育自己，通过几年的训练也会有较为优良的表现。以下有几个准测，可供读者在培养情绪管理能力时借鉴。

（1）树立情绪管理意识，时刻提示自己情绪管理与谈判成功率和个人美誉度的建立都有着直接关系。

（2）谨记不要轻易发火或表现出负面情绪，因为这些是最容易给人留下坏印象和造成隔阂的表现——在日常生活中与人相处时也是如此。项目经理要学会容忍，小到项目组成员不得体的个人小习惯，大到公司高层对项目的不重视，都不可直接表现出负面的情绪，而是要做到找寻合适的时机加以反映并理性解决。

（3）注意观察前辈们的情绪表现，并选择性吸收、学习他人的情绪表现策略。

（4）在不确定自身情绪管理能力之前，不要过快表现出情绪，以免造成误解或给人造成不够稳重的印象。

（5）职场新人尤其要注意，面对上级一些不符合自身预期的工作思路，切不可表现出消极怠工的状态，这样往往容易调动起他人对你不认可的心态。

　　除此之外，延伸点说，如果能做到较好的情绪管理，不仅可以较快地获取他人的好感，也能在特定的场合对项目起到关键的推动作用——我们或许都见过在会议上或公共场合演讲时感染力比较强的那种人，说白了，那种人就是对他人的情绪有充分理解，对自我情绪有调节能力，并且能够充分表现出感染力的情绪管理领域的强者。这些人往往能做到让情绪表现与任务需求相匹配，在谈判和沟通的场合中，无论是喜悦、亢奋，还是严厉、生气，往往都是有意而为之，并可以充分控制与感染他人的情绪，进而影响他人的想法，以使项目向着自己希望的方向发展。虽然，如此技术化地运作心理状态乍看起来稍微有些脱离人性，但项目经理毕竟是专业人士，有时找到最佳方法来推进项目走向成功也是极为必要的。

　　本节的最后，我邀请了来自某知名股票型私募基金公司的基金经理，同时也是国家二级心理咨询师的邹女士来讲述一下情绪管理的要点。

　　"我认为情绪管理是一个系统工程，养成好的习惯，提升自身身体素质和掌握不良情绪产生时的应对方式都很重要。作为一名股票交易员，我在交易时期所要面对的心理压力是很大的。同时，比较麻烦的是那种由于压力而产生的焦躁心态也会蔓延到交易时间之外——相信很多从事高强度脑力劳动的职场人士都会面临这个问题。所以，经过多年的探索与调整，我总结出了对我自身较为有用的情绪管理方法，即以下四点。

　　第一，加强对自己情绪感知能力的提升。每当自己有情绪产生的时候，比如愤怒、焦躁、不满、消极之类负面情绪，停下来问问自己这些情绪的来源是什么？究竟是源于当下的麻烦，还是往事给自己造成的影响？寻根问源之后，看看有没有在'现实'中改善的方法。通常只要在'现实'中将问题解决了，心理上的负面情绪也自然会减弱。

此外，感知情绪有一个比较好的练习方法，就是观察呼吸是否平稳并以冥想的方式来审视内心的状态。

第二，不要让不良的情绪进一步扩大和蔓延。因为无论不良情绪是强还是弱，它都会像种子一样迅速生根发芽，进而影响到后续的工作甚至生活——比如连续两三次失败的交易往往会令我心态失衡，如果不加以控制，极有可能会影响到后期的判断，引起恶性循环。建议当意识到这种不良情绪产生时，适当地停下手头的事情，放松一下，走动走动，看会儿其他资讯，换一换脑子，等到情绪平复再回到'战场'。

第三，勤于总结，撰写情绪日记。及时将自己不良情绪产生的现象和原因进行总结、归类。通常不良情绪有系统性的原因，也有随机原因所谓系统性的原因，主要是客观自然原因或生理状态导致的，比如，下雨天人们的负面情绪会比较多，女性在经期的负面情绪比较多，等等；随机原因则是因个人情况而异的不良情绪产生的原因，比如，有些人特别容易在金钱问题上产生负面情绪，有的人会因工作过于辛苦产生负面情绪，等等。所以撰写情绪日记有助于使人了解自身负面情绪产生的原因。此处也特别建议女生在生理期不要给自己安排过于繁重的工作，不要和'负能量'较多的人接触。

第四，经常运动，有规律地生活和饮食。因为身体的状态直接决定了人对抗负面情绪的能力。身心状态较好的人往往能够较快地将情绪调整为乐观的状态，长期来看比较不容易患抑郁症。所以，要塑造由内而外的乐观积极的形象，首先就要拥有强健的体魄和清醒的大脑。

最后特别需要提醒的是，情绪管理知易行难。唯有意识到情绪管理的重要性，主观上克服懒惰、以自我为中心等障碍，情绪管理的优化才能够顺利地进行。"

五、全力以赴　抗压有法

开篇案例

　　宝洁公司是管理界知名的"人才工厂"，通过在宝洁的历练后，有不少国际型精英进入海外的一流企业担任高层。但是要在宝洁公司脱颖而出，必须要面对三重高压，即公司内的同类型人才竞争压力，公司外的市场竞争压力，以及岗位上的职责压力。

　　宝洁公司一直致力于寻找全球最优秀的人才，与此同时，无论在哪个国家，宝洁公司也都是极受那些希望出人头地的年轻人欢迎的企业。全世界有超过 100 万的人在竞争宝洁的大约 5000 个岗位。也就是说，从"入口"开始就大有千军万马过独木桥的阵势。并且，竞争者中不乏一些著名商学院 MBA 学位的获得者。同时，在被录用的人群中，最有潜质的那部分才会被宝洁精雕细琢，成为真正的"宝石"，而剩余的部分将会面临淘汰。可见人才竞争压力之大。

　　因为在市场策略方面，宝洁公司一直有着迎难而上的传统，故而这就要求职业经理能够充分承受来自市场竞争所带来的压力。以日本市场为例，宝洁公司一直将日本当成一个战略性的重要市场，即使在众多外资企业缩小在日企业规模、退出日本市场的浪潮中，宝洁公司依然立下誓言称："只有做出让全球最挑剔的日本消费者满意的产品，宝洁才能赢得世界。"同时，为了在日本市场上取得胜利，很多顶级的精英就从世界各地被输送到了日本。他们中的每一个人无不是在压力的浸润之下面对每一天的工作的。

　　此外，宝洁公司为了让员工可以尽快成为名副其实的人才，会把重要的工作交给新人，让其尽早感受到职责上的压力。《抗压力》作者久世浩司曾回忆说："进入宝洁公司的第三年，我就开始负责新产品，支配庞大的预算，力图让新产品在市场上脱颖而出……30岁之后，我开始负责全球规模的商品开发和运作数百亿日元的业务。从最基本的团队管理到公司的经营管理，我受到了完备并且彻底的锻炼。"

可见，在残酷的市场竞争中，企业若想成功，势必要与员工一同面对"高压"，而在这过程中，员工自身的抗压能力就成了保证这个体系顺利运转的关键。

整体而言，职场上的普遍压力主要来自两个阶段，刚入职场时和位高权重时。刚入职场的毕业生主要会因自身职业技能的匮乏，无法承担较为复杂的工作，并且因对自己现状的不满但又无法快速改变而感觉到工作、生活、生存的复合压力；而进入职业稳定发展期的老员工，工作的压力往往会随着职位及相应责任的增大而加强。项目经理的压力便是后者，但会因项目时间紧、任务重，以及所要面对的来自组织内外的竞争而变得更为具体。但无论是身经百战的项目经理还是职场新人，面对压力所要做的抗压工作其实都是类似的，其基本过程都是认可、认识压力，而后缓解压力，最终练就举重若轻的能力。

压力一旦产生不会说散就散，压力及导致压力产生的事件往往会萦绕于人的脑中，无法退去。这些事情会在我们约会时出现，会在我们看电视时出现，会在我们打球时出现，也会在我们开车时出现……所以，首先不能因为压力长期占用我们的精力和时间而感到心烦，因为这是每一个成年人都会有的"朋友"，保持好的心态，习惯与压力相处，认可压力的存在是我们对抗压力的第一步；其次，就是要弄清楚导致自身压力产生的因素，并针对这些因素建立解决或消除计划；最后，就是要通过学习和运用解压的方法为自己缓解压力，避免由压力导致的不良反应的发生。

一般而言，压力的产生原因主要有客观因素和主观因素两大类。客观因素即我们不得不面对的有着明确要求和时间节点的因素，比如，下周一要面向全公司做的汇报；年底的业绩冲刺任务；事关升职加薪的一项考试；等等。这些外部因素挑战着我们的能力，也要求我们花费大量时间进行应对，故而会很自然地使我们产生压力。通常而言，导致压力的客观因素较易于察觉，并且当任务完成时，压力也自然会释放掉。所以，职场人士要时刻为自己梳理好导致压力产生的客观因素，并且为每项压力因素设计好切实可行的解决方案，这样就能使压力在自身心理层面具有良好的可控性。

而压力产生的主观因素相对来说集中一些，那就是我们的责任心。一个简单的问题："面对任务我们是听之任之，还是竭尽全力？"相信优秀的项目经理都会选择后者，但是难以避免的，竭尽全力会为我们带来更大的心理压力。所以，责任心越强，压力就越大，并且当我们面对本来就极为紧迫的任务之时，责任心会使心中压力的感受变得更重。但是责任心对项目经理来说至关重要，它不仅是解决工作问题，乃至生活问题的重要基础，也是未来个人向着更大舞台发展的首要素质——对身边的朋友进行粗略统计，你就会发现那些责任心越强的人职业发展往往越顺利，反之，那些责任心较弱的人职业道路往往走得比较浅。不过，因为责任心是相对难以调节的，所以由其导致的压力还得借由一些外部手段或主观上的努力予以缓解。主要包括以下几方面。

（1）培养一项容易执行且能够增强自身精神满足感的兴趣爱好。比如，看一些与专业和经管无关的书籍，或是看电影、唱歌、绘画等。最好这项爱好和工作无关，这样就能够在沉浸于此项活动时达到"换脑"的效果，使紧绷的工作神经获得彻底的放松。

（2）多和鼓励自己的人及人生态度积极的人交流。因为人在重压之下情绪容易被放大，故接触消极情绪容易使体内"负能量"增强，进而使心态进入恶性循环。所以要多接触积极的情感，将压力转化为动力去面对工作。

（3）寻找心灵的慰藉。压力之下，难免会陷入迷茫和自我怀疑，这时家庭成员、朋友、老师、前辈等能够给予中肯建议并真心希望你好的交流对象就能使心灵得到极大程度的安抚。

（4）用感恩之心面对世界，用满足感面对自己。压力的核心感受是对未来的焦虑，而感恩之心和满足感会令人更多地关注当下，关注现在所拥有的东西，而不是担忧未来。

（5）面对人生的重大危机，要将其当成重要的成长机会。有关创伤后成长（Post-Traumatic Growth，PTG）的相关研究已经证实：人在重大危机中挣扎奋斗并努力克服危机之后心态将变得更为积极，甚至能令悲观主义者转变为乐观主义者。所以，遇到危机只要怀着信心努力克服，此后便能迎来一个全新的自己。

（6）最后，在接受任务时做出明智之举也很关键。比如，不要做自己不擅长的事，也不要给自己设置过紧的时限。学会降低外部客观因素带来的压力，对平衡自身整体压力而言极为重要。

当然，以上所述各项方法也不仅限于缓解由主观因素导致的压力，在受到客观因素刺激或是主观与客观因素混合刺激而产生心理压力的时候也可以借由以上方式缓解压力、避免压力带来的不适感。

本节的最后，我邀请了抗压能力较强的魏女士来为我们讲述她的抗压小技巧。魏女士目前在大型跨国公司任职，承担营销项目的管理与执行工作，管理员工二十余人。身为一名传统企业的中层管理者，魏女士不仅要面对来自岗位上的压力，还要面对众多以男性为主的同级别管理者的竞争，所以她的抗压方法全面且带有女性特有的技巧性。下面就让我们来好好学习一下。

"作为一名职业女性，需要面对的压力不仅有严峻的岗位竞争和超出身体承受能力的工作量，同时也有许多女性独有的压力需要承担，比如生育期前后的工作交接问题，来自办公室的性骚扰，以及来自'大男子主义'上级的不平等对待，等等。而女性通常又不像男性那样善于改变自己，或者能够很好地控制自身情绪的外显。所以，女性在应对压力过程中既要讲究技巧，还要顺应自身的性格特点。

具体来看，女性面对的压力和排解方法大致有以下几项。

一是来自工作量上的压力。这是男性女性都会面对的压力，通常而言，职业经理人面对工作量压力的一般处理方式就是正面迎战压力，先期通过加班的方式充分保证绩效，之后通过提升工作效率来释放个人时间，可按照'紧急—重要'的时间管理四象限进行任务管理。当然，还可以适当放权让下属来承担部分压力，但是一定要把握好下属分担的工作量并确定好责任，主要责任还是应由部门经理自身承担，不能造成'推诿'的局面。

二是工作岗位的竞争压力。这也是男性与女性都会面临的职业压力。面对竞争主要还是将自身工作做好，当然也不能'干等'上级和别的同事来发现自己，也需要通过合理的途径去向上级、同事讲述一下自身的工作业绩。我的心态是，只要他人能够了解我的工作并给予客观的肯定，那是否能够竞争上更高阶的岗位就不那么重要了——因为上级提拔干部也需要考虑政治、综合能力等因素，即使机会不属于我，我也不会陷入'想不通'的境地。

三是因与上级不合而产生的心理压力。这对很多职场新人而言是'致命'的压力，因为很多职场新人觉得自己的职业生涯取决于上级的态度和评价，自己学习的专业知识也主要来自上级，但我想说这是一种误区，因为每一个专业人士其实都是相对独立的个体。人们为企业做出贡献并借助集体的力量将个人的价值发挥到最大不假，但是真正的专业人士必然是能够具备'模块化'的专业特征的，即他们如果去到别的集体，凭借自身的能力也是能够很好地发挥作用的。所以，上级对下级而言很重要，但是上级不是下级唯一的依靠，无论是专业知识的学习，还是价值的成长，都应该更多地来自市场和对其他优秀的同事、前辈、朋友的学习。当然，如果和上级契合度实在有太大问题，建议换部门或离开公司，以防止未来发展成实质性的矛盾。

四是女性专属的压力。一般认为，女性的职业天花板会比男性低——不仅是男性这样想，很多女性也是这么认为的。所以很多时候职场中的男性会不由自主地不尊重女性，包括言语羞辱女性或对女性进行性骚扰。归根结底，产生这些不良动机的原因往往是这部分男性认为女人不能拿他们怎么样，所以就显得肆无忌惮。女性在遇到这些问题时首先不要被'弱势化'，而是要认可自身与男性的平等地位，同时要有自我保护意识，并且勇于向更高层上级或外界专家寻求专业援助。

其他综合解压方法还包括培养一门兴趣爱好或者多做运动。因为兴趣爱好能够转移注意力，沉浸能够让身心得到愉悦的感觉，但兴趣爱好最好不要与过高的开销绑定，不然又会带来经济上的压力，最好选择看书、看电影、下棋等简便但却需要一定专注力的活动。同时，通过运动来强健体魄也有助于在身体上、精神上对抗压力，因为压力对心理造成影响很多情况下是意志力、耐力的防线被攻破后的感受。所以，职场人士可进行一些耐力训练，甚至是力量训练，提高身体素质，从生理的角度来提升抗压力。

当然，如果是职场新人，遇到过重的职业压力大哭一场，然后跳槽也不失为一种好办法。但是对于有一定工作经验积累且有一定承压能力的职业人士来说，还是应该多找寻合适的方法来排解压力，并将'解压'技术作为职业技巧来对待。现实中，压力会永远存在，但是项目经理只要完善建立了对自身职业和事业的责任心，也就能够渐渐不把压力当成一回事，且受压力的影响也会越来越小。"

六、落差常在　适者生存

开篇案例

从李嘉诚个人的早年经历来看，其善于把握机遇及对行业深钻苦学的企业家特征，与其儿时所受的"适应力"教育息息相关。

在日本占领潮州时，李嘉诚的父亲李云经于 20 世纪 40 代带着家人移居至香港。但到了香港之后，身为教师的李云经就发现在香港这个商业社会，一切都是与大陆颠倒过来——受资本主义思潮的影响，香港拜金主义盛行，钱财成为衡量人价值的唯一标准，没有人向李云经请教古书上的问题，更没有人夸奖儿子李嘉诚吟诵诗文的出众禀赋。但同时他也看到了在香港的富商为支持中国军队抗日动辄捐出数万港元的爱国举动，并由此发出了"实业亦可救国"的感叹。于是李云经在感慨香港"世态炎凉"的同时，也要求李嘉诚"学做香港人"。

谨遵教诲的李嘉诚在儿时就非常刻意且努力地去适应环境。比如，香港的华人流行广州话，而广州话与潮汕话属不同语系，故幼年李嘉诚为了融入当地社会，把学习广州话当成一件大事来对待，他还拜比他年幼的表弟表妹为师，勤学不辍，很快就学会一口流利的广州话。同时，李嘉诚这种充满适应欲望、不畏难的学习态度也延伸到了英语的学习中。受港英政府推行殖民化教育的影响，香港的中学大部分是英文中学，即使是中文中学，英文教材也占半数以上。起初，李嘉诚坐在课堂里听课，如听天书，不知所云。但是李嘉诚通过在上学、放学路上边走边背单词，夜晚独自跑到户外的路灯下读英语书，天蒙蒙亮时就起来背书等方法，经过一年多的努力就通过了英语关，并能够熟练运用英语答题解题。

在青年时期，李嘉诚极强的适应能力也为其带来了事业上的较高成就。在担任塑胶制品推销员的时候，李嘉诚要求自己要像一个老推销员那般思考，他很关注塑胶制品的国际市场变化，会从报刊资料和四面八方的朋友处收集资料，而后建议老板该上什么新品，该压缩什么产品的生产。他还把香港划分为许多区域，每个区域的消费水平和市场行情都详细记在本子上。他知道哪种产品该到哪个区域销售，销量应该是多少。所以，加盟塑胶公司仅一年时间，李嘉诚就远远超越了原有的 6 位老销售员，并且获得了连他自己都感到惊讶的成绩——销售额是第二名销售员销售额的 7 倍。

可以说，李嘉诚那些在儿时掌握的适应环境的心理技巧，并相应养成的学习习惯、做事态度，为其日后成为业绩最优秀、成长最快的五金制品推销员、塑料制品推销员，以及创立并运作华人世界崛起速度最快的塑胶企业、实业集团打下了坚实的基础。

简单来说，适应能力就是调节现实与理想差距的工具。比如，初入职场的新人，最渴望的就是找到一个匹配于自身性格、习惯、追求及期望报酬的企业。但是，通常人们不出两年就会发现，如此高匹配度的工作环境几乎是不可能出现的，无论是跳了几次槽或是轮了几个岗，结果都是一个样——可能是收入，可能是企业的前景，可能是上级的重视度，也可能是搭档同事的能力，等等，总会存在一些不如意的地方。所以，这个时候就需要我们通过"适应能力"来调节自身的心态，以使自己不至于表现出消极怠工，以及对人、对事不屑的态度。

适应能力对于项目经理而言是非常重要的，因为在执行项目时，资源、人才、环境往往会离心中的理想状态有所差距，怎样在不理想的条件下保持一个良好的心态去推进项目，这就需要适应能力去发挥关键作用了。但是和抗压能力一样，适应能力的培养也需要一个漫长的训练过程。简单地说，你只要对任何事物都保持认可的态度，每天积极开心地面对工作就初步达到目的了。但是怎样克服时而出现的"不爽"的感觉，还是需要下一番功夫的，其中也涉及一些自我心理调节的技术。以下几方面是在职场中提升适应能力的主要关注点。

（1）摆脱将自己当成"主角"的想法，需明确认识到不是所有人都必须给自己面子的。

（2）认可人与人之间的不同，认可组织与组织间的不同，不要在当下总是念着过去单位和领导的好，抑或拿着其他单位的长处对比自身单位的短板，而要善于发现自己组织的优点，让自己时常沉浸于满足、乐观的情绪中。

（3）试着多角度地思考问题，设身处地站在他人的角度看待人和事，在意识层面以理解他人为先，而不以自身的利益为先——因为人都会本能地保护自己的利益，所以无须刻意为自己多做考虑。

（4）试着让自己成为快乐、正面的角色，这样将会得到更多的正向反馈，使自己可以更快与组织融为一体并对组织产生好感。

（5）若打算以"去留"来调节心理落差，首先需明确自身参加工作及来到这个组织的目的和诉求，理性判断当前工作对自身的意义。一般情况下，如果当前的工作有提升自身在行业内地位、适合自身能力发展，以及能够获得较好薪酬的机会，则以提升自身容忍度、转换思路，最大限度地适应环境为优先策略；如果是综合情况较为一般，即无法带给自己较好的能力提升及薪酬回报的工作机会，则建议在尽心尽力工作之余积极寻找更有综合价值的工作机会；不过鉴于目前我国的抑郁症患者已占总人口的3.9%（根据世界卫生组织2017年的统计，中国抑郁症患者为5400万），所以当遇上那些让自己产生强烈不适应感的工作，无论工作前景如何，都可选择"裸辞"，或在找到适合自己的工作机会时立即跳槽。

从这些原则可以看出，工作上的适应主要是适应他人及组织对自身的影响，与一般人际关系管理和适应性提升具有互通性。如果能够在工作上做到较好的适应，那在生活方面发生一定的变化时凭借适应能力也能将自己的心态调整得很好。所以，提升适应能力和加强时间管理一样，是平衡工作、生活及协调个人与工作同事、合作伙伴、家庭成员关系的重要手段。

本节的最后，我们将邀请商先生为我们讲述他在适应能力自我培养方面的心得体会。商先生曾在全球四大会计事务所之一供职，两年前他看到一个比较心仪的创业机会，于是便从会计事务所辞职以 CFO 的身份加入了该创业团队，过程中自然遭遇了许多"理想"和"现实"的落差。下面就由他来为我们讲述一下在此转型过程中自身是怎样适应以做到应对自如的。

"因为我自身经历过重大转型，所以我对于适应力对职业顺利发展的作用深有体会。简单地说，适应能力是直接决定职员是否能将工作坚持顺利做下去的关键要素。该能力需要员工主观努力去提升，但过程中也需要充分考虑环境、任务等外界要素——如果环境与员工性格、三观明显不符，或者项目任务长期与员工个人能力不匹配，即任务实在太难或过于简单，员工即使很努力地去提升自己、适应环境与项目，但往往还是无法达成理想的状态。当然，当员工长期感觉到不适应工作的时候，离职换一份工作或许是比较好的选择。如果一个组织提供的工作机会与员工个人职业发展目标相适应且能力相匹配，那员工就应该通过提升自身的适应能力去战胜'不适应'的感受，去更高效、高质量地完成工作。

我大学毕业后的第一份工作是在毕马威会计事务所负责企业审计工作，这份工作持续了 5 年，我从审计专员晋升为审计经理，财务领域的专业能力也有了非常全面、快速的提升。但是在第五年的时候，我遇到了一个非常难得的机会——几位当年出国留学的同学开始回国创业，项目结合了前沿的互联网技术并且能够直击市场'痛点'，他们在团队中缺少一位首席财务官，想邀请我加入，于是我毅然决然地向公司提出了辞职，加入了他们的创业队伍。但是过去之后，我才发现自己原先的工作模式在创业型公司完全不适用。简言之，创业型公司要求反应快、对于决策的执行力强，如果是处处都按大企业那般按严格的流程去做每一件事，把大量的时间花在前期论证和风险评估上，那可能会失去很多市场机会。作为财务，也要配合 CEO 的战略灵活调整，不能按部就班。所以，我为了新的工作经历了难以忍受的适应过程，不过，也是这次经历让我的适应能力有了切实且飞跃式的提升。

基于自身的经验，我将职场中的适应的过程总结为 4 个环节，即评估、改变、再评估、提升。具体如下。

（1）评估，即评价自身情况和组织情况的匹配度，也就是分析自身知识、经验、个人素质及职业发展规划与项目的岗位需求、公司的职务需求、公司的发展理念是否匹配，如果个人情况与公司情况强烈不匹配，那或许得尽快考虑寻找新的工作机会。

（2）改变。如果个人与公司的情况匹配度较好，那就应该开始适应的过程，因为公司和项目在一般情况下是难以顺应个人意志而改变的，所以适应的初期主要是个人依据公司和项目的实际需求而做出改变的，主要包括个人工作、生活作息和习惯上的改变，个人压力承受机制的改变，在群体环境中为人处世态度上的改变，'理论派'向'实践派'方向转，等等（需要提示的是，这个过程对于很多职场新人或是自我意识比较强的个体而言是极为痛苦的）。

（3）再评估。在适应过程中的一项重要任务就是评价自身适应工作的执行效果，也可以看成'新的工作环境适应项目'这个小项目的总结与评价。如果没有在既定时间很好地适应新的任务和环境，就需要找出原因，究竟是开始对企业的理解有错，还是对自身的认识有偏差？或是在适应过程中在哪些方面的努力还不够？

（4）提升。再评估之后，项目经理就需要进一步提升自己以适应组织。如果此环节完成得较为顺利，项目经理将获得适应能力和综合专业能力的双重提升。

简单地说，适应的过程就是快速地评价自身综合能力与项目目标、公司综合情况的匹配度；了解自身需要加强的工作、需要提升的能力，并付诸行动；以及对自身努力的结果建立客观的评价，并能够经过一次次地'适应项目'而更了解自己。提升适应能力将有助于项目经理更好地融入组织，并以基于公司的资源更好地发展自己。

其实对于项目经理自身而言，适应能力的检验是非常简单的，感觉工作如鱼得水，或者至少是比较顺利、鲜有麻烦，那就是适应了新的环境；如果感觉工作举步维艰，那就是没有很好地适应，就需要重复以上几个环节，以做到最大限度地适应。如果项目经理能够在各类新环境下都能够高效适应、融入，那也就意味着他的适应能力已经到了平均线以上。不过，无论是职场新人还是项目经理，都应将每一次适应工作做好，慢慢积累自己快速分析自身、企业、项目的能力，并养成努力、认真、负责的职业态度，步步提升自身的适应能力，并最终成为能够自如应对各类变化的成熟的职业经理人。"

七、了解自我　合理定位

开篇案例

合理地定位自我，找寻到适合自己的职业往往是成功的重要基础。纵观历史，有许多伟大的人物在年轻时因为没有为自己找到合适的定位而成了名副其实的失败者。比如，达尔文曾经是一名失败的工程师，尽管他在那一领域努力工作了多年，但是事业一直都没有起色；亚伯拉罕·林肯直到 33 岁仍然是一名失败的律师，他甚至不敢接受自己一位老朋友的采访，针对此事，他曾在回忆录中写道："像我这样的一个失败者，是不该抛头露面的。"但是当这些人后来找到了适合自己的工作领域时，经过一番努力，最终都取得了斐然的成就。所以，对个人的职业发展而言，有时选择比努力更重要。

定位自我，是社会新人最先需要掌握的专属于职场的技能，也是伴随我们整个职业生涯的重要的自我保护机制。能够合理定位自我的人因为通常表现比较稳定，故一般比较能够得到上级的认可，同时也比较容易被分配合理的工作与任务；相反，未好好定位自我的人，在职场中往往容易犯下"致命"的错误，导致自己无法获得他人的认可与重视，进而使职业发展道路陷入坎坷——对于项目经理而言，这些错误包括但不限于高估了自己的能力，承担了无法完成的任务；心气过高，无法合理摆正上下级关系，时常出现越过直属上级在高层面前邀功、表现的现象；不明白自己所在岗位的职责，不愿意承担自身应该承担的责任；在自身还不具备受人认可的知识、技能、领导力的情况下，强行让自己走上领导者的岗位；仅仅有较好的读书能力而没有较好的知识应用能力，专业能力不精深，仅凭高学历和高应试难度的证书向企业主要求高工资待遇；错误地将工作年限当作任职资格的重要评价因素，且单凭"老"到一定程度就向上级要高职务、高薪水，而不注重专业知识的持续学习和管理技能的持续培养；错误地认为获得高职务就能获得高市场地位，而忽略了不同组织职务设置的不同，以及组织间员工平均能力等级的差别，等等。由此可见，合理定位自我不仅需要定位好自身的岗位与责任的相对关系，做到不高估，不低估，不过分揽事，也不过分推诿；也需要定位好自身在行业内的地位，即事先做到充分了解业内同类岗位从业人员知识、技能、个人素质的情况，客观分析自身当前所处的真实市场地位，再客观地为自己在项目中、组织中的地位做合理设定，并且为自己做好合理的"定价"。

古人有云，"人贵有自知之明"。可即便我们深知自我定位的重要性，但为自己做恰到好处的定位之能力也不是一朝一夕可以炼就的。通常看来，有以下几个方面是需要在自我训练中充分把握的。

（1）自我审视能力非常重要。人需要时常自省，倾听自己内心的声音，并与自己交流以分析当前自己的想法，在了解自我的想法、特长、优缺点的基础上做到对自我的合理定位。

（2）对工作及项目任务的全面、深刻了解是基础。如果不能对工作、项目的整体难易程度及企业可以与之匹配的资源、人力有充分了解，并横向对比市场上相似企业的一般情况，就无法对自己在项目及组织中的确切位置做好定位。

（3）将自身在项目、工作中强于他人的优点挖掘出来，并挖掘组内合作者的优点，做好互补，借由合力更好地服务于项目——此工作模式也能够更好地获取他人的信任。

（4）在组织内的为人处世方面，要遵从市场的一般规矩，即遵从上下级关系应有的模式，不要一味追求特立独行，展现自我。一般情况下个人在组织中的长远发展与沉稳的表现和多方平衡的技术密不可分。

除了以上几点外，个人想要在组织中完成精准定位，对组织的政治环境、多方需求的平衡还需有所思考，我将在接下来的内容中进行介绍。同时，也需提示各位读者，合理的自我定位在婚恋关系、家庭关系，以及一般社交问题的处理上也有着积极的促进意义，当然在不同的情景下用于思考的基础资料会有所不同。不过各位只要把握自我审视、了解市场、了解对方的基本原则，充分整合信息并根据自身的优劣势及其他基本情况做好对比分析，就能够较为客观地为自己做好相应定位。

本节的最后，我们来听听某大型房地产公司事业部负责人邱先生来谈一谈自身在职业生涯各个阶段中的定位方针——邱先生在二十余年的职业生涯中经历了许多职场新人们梦寐以求的岗位——政府公务员、大型证券公司资管部门总经理，以及现在的大型房地产公司事业部总经理——虽说每一份工作都是实权在握，但是他对自己的定位依然明确——不膨胀、不墨守。接下来，就让邱先生来讲一讲他的职场定位哲学。

"就我个人的经历而言，我认为自我定位的准确性非常重要。定位准了，做事情也就会比较分寸得当，守得住自己的'一亩三分地'，也不容易得罪人。同时准确的定位还有利于自身去选择合适的'战场'，也就是职业领域。毕竟商业环境中个人能够做到快速成长非常重要，也非常必要，'战场'错了，就意味着成长的方向可能错了。大家都听过'选择比努力更重要'这句话，而'选择'的前提就是自我定位的准确性。

其实定位自我对我们中年人来说倒不是什么难事，毕竟已经经历了那么多，自己在每件事情上有多大的能耐大致也能了解得八九不离十了。但回过头来看，有些找寻自我定位的方法倒是可以大家借鉴一下。

首先，经常关注一下他人对自己的评价，以外界视角总结自身在社会上所呈现的专业特长、行为特征、性格特点。这点我认为非常简单实用，也非常重要。因为人对自身的认识始终带有主观性，而'主观'往往带有'美化自我'的功能——这就是许多人在和他人发生矛盾时总是认定自己是'受害者'的主要原因。所以，怀着包容之心多问问他人对自己的评价，尽力让自身的'人物画像'更为客观准确一些。

其次，就是类比自己身边和自己背景、专业、能力相似的朋友的职场经历来寻找定位。通常是看看年龄较长者在某些事情上的态度和处理方式来反推他们指导自身职业发展的主旨思想，虽然不一定准确，但是样本量够大的话，也能归纳得较为接近。

最后，我认为自我定位有时也需要借'试错'来寻找。在以上信息收集完善并初步建立自我定位的思想体系之后，进一步的准确的自我定位有时也要在不同的职业领域、不同类型的岗位上尝试着'深度体验'之后才能够摸索出方向。但切记要勤于总结，也不可'朝三暮四'，每一次职业的选择必须是在前期有大量思考，基于自身性格、专业、理想综合分析，并且是在此前工作的全面总结之后做出的决定。每一次选择，都是进一步地扬长避短，也是更接近自身理想职业状态的迈进，而不应是逃避现状，或是胡思乱想后的冲动决策。唯有树立'目标明确、合理谨慎'的意识，自我定位才能以最优状态发挥作用，这样才能进入'自我成长'加'外在环境帮助'相互促进的理想的职业发展模式。"

八、内外兼修　打造形象

　　国际知名商务形象设计师英格丽·张曾在她的畅销书《你的形象价值百万》中汇总了各项关于职业形象的调查，其中包括以下几个方面。

　　（1）英国著名的形象公司 CMB 对世界著名的 300 名金融公司的决策人调查发现，在公司中位置越高的人越认为形象是成功的关键，因而就越注重形象的塑造和管理，并且他们也愿意雇用和提拔那些有出色的外表和能向客户展示出良好形象的人。

　　（2）美国著名形象设计师莫利先生曾对美国《财富》排名前 300 名公司中的 100 名执行总裁进行调查，97%的人认为懂得并能够展示外表魅力的人，在公司中有更多的升迁机会；100%的人认为若有关于商务着装的课程，他们会送子女去学习；93%的人会由于首次面试中申请人不合格的穿着而拒绝录用；92%的人不会选用不懂穿着的人做自己的助手；100%的人认为应该有一本专门讲述职业形象的书以供职员们阅读。

　　（3）美国纽约州希腊求斯大学管理学系对《财富》排名前 1000 的首席执行官进行调查，发现 96%的人认为形象在公司雇人方面是极为重要的，尤其是对那些要求可信度高的工作和与人打交道的工作，如市场、销售、金融、律师、会计等。

　　此外，在英格丽·张自己主导的调研中，管理和人事部门的人都一致认为"优秀的形象比研究生的学位更重要"。

　　职业形象是当今社会每个人都极为注重的职场特质，也是职场新人最先、最自然关注到的职业化自我修养的内容。但人们通常对职业形象的理解比较浅显，往往停留在个人梳妆、穿着、礼数、话术等方面，职场新人尤为如此。可事实上，职业形象的内涵远比这要深得多，正如形象设计大师英格丽·张所说："形象，并不是一个简单的穿衣、外表、长相、发型、化妆的组合概念，而是一个综合全面素质，一个外表与内在结合的、在言谈举止中留下的印象。"所以，项目经理若想全面提升职业形象，也必须做到"内外兼修"，才能取得理想的效果。

首先，不可否认的是，对于职业经理人而言，外在的形象非常重要，因为它表现着我们的工作态度，也决定了初次见面时他人对我们的第一印象。当然，不同行业对项目经理外在形象的要求自然是不一样的，但整体而言，项目经理外在职业形象的塑造基本遵循以下几个原则。

（1）表现出自信——这是核心原则。不论穿的服装是否是名牌，不论自己的外表是否好看，职业经理人首先就是要让自己找到自信。因为自信是气质、气场和领导特质的基础。

（2）融入群体。除了艺术、设计、IT 类的岗位，其他职业的服装要求都是标准化的，比如金融界以西服为主，工厂以单色工作服为主。通常情况下，项目经理不能太有个性，需要给人一种不出格、稳重的印象。

（3）尊重商业传统。在出席会议、媒体采访、与客户见面时，无论是工作日还是周末，都务必要穿西装、打领带。

（4）修饰自己。坐、立、行都要有精神，让自己习惯于穿着西装，并且需要将普通话说得尽量标准。

（5）时刻注意言行举止文明。去往不同地区、不同国家之前先学习当地的习俗和礼仪，避免拿自己的习惯去做"全球统一标准"。

（6）掌握沟通技巧。沟通时注意专注，让他人成为核心，多给赞美，多用敬语，时常微笑，并且要记住谈话的要点以便未来进一步讨论。

（7）女性应掌握化妆技巧。因为在商业世界的一个共识是"女性对自己的基本修饰是对别人的尊重，也是对自己的尊重"，所以在什么场合化什么妆也是女性需要通过专业教程认真学习的。

（8）女性的着装不宜过于性感。因为性感的服装往往会令男性工作伙伴或谈判对手无法专注，且在外表和心理上过分地强调女人的美丽会削弱一个女人的权威，容易给人造成专业性不强的印象。

（9）正式场合的服装搭配除了专业培训以外，可以模仿国家领导人和知名企业家在公共场合的穿着——因为通常由专业形象设计师负责打造，出错概率较低。

不过从实践角度看，项目经理的内在职业形象在传达可信度、专业度等方面所发挥的作用显然是要大于外在的。正如英格丽·张在她的畅销书《你的形象价值百万》中所说："形象设计不仅是外表的包装，也是一整套生命价值观的展示。真正让我们脱颖而出的，是价值观所主宰的行动和杰出的外表，外表要表达的是内在的价值。'价值百万的形象'是一个目标——目标是要成为真正具有价值百万的可信度的人，打造价值百万的个人品牌。个人品牌是引领我们事业成功的资本。我们的一举一动都在告诉别人我们的价值观，我们是值得信任的还是不可靠的。而人们通常会选择那些可靠、稳定、具有诚信的品牌——这也是建立个人形象、个人品牌的最关键之处。"

整体来看，项目经理的内在职业形象的打造大致有以下几个要点。

（1）自学能力的开发、保持与适时展示。当项目经理学到一定有用的技术和知识的时候可以适时向各方展示来提升团队成员、上级和合作伙伴对自己的认可度。具体的策略，可在学习到一定阶段时通过在朋友圈"打卡"，或将学习结合写作，即在公众号撰写原创文章、读后感以向他人提示自身对这一知识的掌握。

（2）通过对时间的合理规划，以及与他人交往过程中诚实、可预测的表现，增强你在他人心中的稳重感。

（3）通过个人情绪的良好表现提升个人魅力，在团队成员、上级与合作伙伴心目中建立与人为善、较易亲近的形象。

（4）做事周全、有始有终，带着强责任心执行任务，以给人信服并值得委以重任的感觉。

（5）适应能力和合理定位能力共同发挥作用，尽力打造一份光彩夺目的简历。在职业发展方面，不要轻易跳槽，不要无目的跳槽，当然，也不要随意承接自身无力承担的工作岗位，以防惨遭被开除的厄运。需明确自身参加工作及来到这个组织的目的和诉求，理性判断当前工作对自身的意义，以及自身的能力是否与之匹配。如果是有提升自身在行业内地位、适合自身能力发展，且自身能够将职责内工作做好的工作机会，就要充分发挥适应能力，在保证可以正常推进工作的同时，承接三至五个有行业代表性的项目，并争取跟完项目整个周期或核心阶段，获取关键经验与知识，使简历中可获得引人注目的一笔。

此外，除了以上几部分外，项目经理最为重要的个人职业形象的内容还是要基于项目相关工作而展开，包括项目推进中的管理工作表现，以及与专业技术相关的工作表现。如将以上种种职业形象模块归纳起来，那就是项目经理要树立一个掌握行业前沿技术与管理技术，并且知识可实时更新，加上行为表现踏实、稳定、可预测，同时个人有合适的职业定位与职业追求，且情商极高的专业经理人的形象——虽然这是一种理想状态，但是通过对硬技能与软技能的高效提升，该状态还是有望快速达到的。下面的章节中，将介绍在自我素质优化的基础上与他人互动，提升领导力与领导地位，以及强化项目管理能力的各项技能，以帮助项目经理更为全面地提升软技能，训练软技能，并将软技能与硬技能做更为完美的结合。

本文的最后，由经济研究机构负责人兼各大金融媒体的知名专栏作家詹先生来分享使他从证券公司研究员成长为经济研究界知名发言人的个人努力的关键内容。詹先生在专业领域的个人经历可以说是我身边个人职业形象塑造的优质案例，虽然身边不乏少年得志之人，但是在少年得志之后一路事业稳定，同时于而立之年成为知名智库总经理，也确实可称之为典范了。以下，是詹先生对于职业形象塑造的几点感悟。

"我认为职业形象塑造的核心的是'职业'而非'形象'，换言之，给人留下真实好感的是职业范畴下的专业度。在我看来，职业形象的设计更应该是个人专业度呈现模式和呈现内容的设计，与职业发展路径设计息息相关。

就我个人而言，从业至今，有幸得到了一些高品质平台的重视，令我可以一步步走向更为专业的发展道路。当然，在此过程中我也做出了许多刻意的选择与努力，我认为主要包括以下三点。

第一，选择合适的榜样指导自己。正如新人刚步入职场，一般都需要为自己选择合适的职业发展榜样以防止自己瞎忙活或是走错路，进一步步入专业人士群体的过程中，也是需要榜样来规范、约束自身的工作和行为的。当我还在券商做研究员的时候，经常受到媒体的邀请要我对股票市场进行评论，那时可供参考的前辈榜样主要有两种鲜明的类型，一种是'网红型'，他们会在各大媒体平台频频露脸，一般拥有千万级的粉丝数量，有些人还会时不时推荐一些热门股票，以借风口炒作人气；还有一种是"沉稳型"，就是不求关注量，但求将事情分析得透彻的那些专家，这些人一般不明确推股票，即使要推股票也都是经过自身充分的研究，以不带煽动的语气去描述——时至今日，在'网红型'分析师中，虽然有的人顺利进入大型企业从事高管职务，拿着千万年薪，承担着'半专家、半PR'的职能，但他们中的大多数人会因为'标签'过于明显而存在事业发展和转型的困难，在观众的新鲜感过去之后，如今也不能靠'网红'身份获取更多收入了。但是'沉稳型'的分析师几年来发展得都比较扎实，虽然不是大红大紫，但是却慢慢得到了更多机构、投资人乃至地方政府的信任，事业上也普遍进入了'快速拉升'的阶段。因为相信人本能地都会喜欢与行为稳定、可预期的人合作，于是我一直以来都是效仿'沉稳型'前辈的模式来对自己的公开发声模式进行管理。

第二，不断地自我锤炼。当人慢慢发展成为行业专家的时候，无形中他也成了行业、企业的代表，这时专业知识、为人处世及其他软技能都应该不断提升，才能够呈现出才思敏捷且举止得体的良好状态。此外，随着一个人的专业度被越来越多的业内人士认可，势必偶尔会出现与其他专业人士公开辩论的场面，那时就需要大量的专业知识予以支持才不至于做出错误的回应。

第三，学会说'不'。在这个诱惑繁多的世界，人一旦名气响了，商家就会蜂拥而至，请求代言——不单是以代言人的形式，也有以软文的形式在专业媒体中夸奖一下他们的品牌，等等。但这时我会本着'君子之财取之有道'的原则，坚决拒绝那些纯粹为了营销，而不是做对行业有价值、有意义之事的企业的合作请求。因为职业人士声望的建立都是基于业内人士和群众的认可，而这些认可也是自身通过不断地探索真理，正确地传播知识而换来的，所以不应为了眼前的利益而牺牲读者对于我们的信任，那样只会成就了攀龙附凤之辈而让其他人都面临损失。

最后需要提示的是，随着专业能力的进步，通常我们都可以真实、直观地体会到自身受到市场的关注度在提升，但是千万不可因此而乱了心态，还是要将注意力收回到职业能力的成长中，因为'不进则退'是商业环境中永恒的真理，如果不能够抓住这个本质要素，那职业发展的良好势头势必不会持久。"

第二章

自如社交

——掌握与他人充分互动的七个要点

一、人际无常　秉持尊重

开篇案例

　　沟通管理经典参考书《非暴力沟通》的作者马歇尔·卢森堡曾参与一个有关企业内部沟通的咨询项目。当时他应邀去协助一所医院的管理层就一个项目赢得主要医生的支持。然而，不久前，医生们曾以 17∶1 的票数否决了那个项目。为了争取支持，他们准备再次举行医生会议。他们期待"非暴力沟通"能够促进他们与医生的沟通。

　　在马歇尔与管理层沟通时，他试图扮演管理层的角色来编制出较好的沟通方案，他的开场白是："再一次提到这个项目，我忐忑不安。"——他之所以选择这么说是因为他感受到了管理层极为担心会再次受挫，所以便替管理层实在地表达出了内心真实的感受，以试图获得员工的理解与尊重，而不是将自己当成一位居高临下的上级。可是，还没等到他把话说完，一位负责人就打断了他，并说道："你太不现实了！我们决不能告诉医生我们感到不安！"当马歇尔询问该负责人为什么不能告诉医生自己的不安时，那位负责人回答："一旦我们示弱，他们就会更加盛气凌人。"然而，有一位负责人决定接受马歇尔的意见——这次他不像平时那样面无表情地陈述观点，而是表达了内心的感受，同时也站在了医生的角度设身处地地解释了改变立场的重要意义。医生的反应与此前大不相同，非但没有觉得这位负责人盛气凌人，而且还以 17∶1 的票数通过了项目。这个戏剧性的转变给了管理层深刻的提醒——如果你尊重员工，员工也会尊重并理解你。

尊重他人是人际关系管理的入门课程，也是在实际人际交往中使用频率最高的技能。尊重他人包含了礼貌用语、得体的穿着、传统礼节、言谈中对对方表示理解的神情，以及最为根本的——合适的回应。前面四点自然不难做到，只要稍加训练即可以有良好表现，但是最后一点要想恰到好处地表现往往需要过人的共情能力，以及能够清楚地了解并分析对方前来找你谈话的动机和说话的语调、节奏——目前看来，应对全球各个国家的人路数基本一致，就是不同文化、语言背景，不同民族的人针对各类动机的外在表现及说话的方式会有所不同，摸索一段时间，熟悉了对方在这些方面的一般习惯，也能够较好地切入他人的情感世界，并做出令他觉得合适的回应。

一直以来，人际关系中的"尊重"如同工作基本素质中的责任心一样，很多人从还未进入社会前就被如此教育，但是从不了解其具体的功能，以及其对自我提升的指导价值。事实上，秉持尊重他人的理念，一来可以提示自己不断地提升解读他人动机的能力——实则是训练自己思维能力的一种方式，有利于进一步提升自己的情商；二来可以让自己慢慢树立善解人意、行为得体的形象，有利于自己获取更多的信任和人脉资源。

从全面性角度来考虑，软技能中的尊重他人主要涉及以下几个方面。

（1）始终保持尊重他人之心。纵使人际无常，但还是要谨慎地将尊重当成与人交流、交往的基石，即使是对待竞争对手、敌人也还是以尊重为先，先礼后兵。此举的现实目的也是树立一个能够得到他人普遍称赞的职业形象。

（2）与人交流之前事先了解有关于他的基本信息和工作、生活近况。在交谈中适时为对方高兴的事情表示庆祝，为对方堵在心里的郁闷之处提供开导、安慰，如果可以，为对方的困境提供一些帮助，当然也要避免触及对方的"禁区"，即避免夸奖令对方厌恶的人，或者反复说起一件令他短期内无法挽回的失误，等等。

（3）在了解交流对象基本信息的情况下，对其思维模式、行为动机进行一定分析，以令对方满意的方式制定会面策略。举例来说，国企的员工因长期受严格的等级制度影响，对交流对象是否"门当户对"格外在意，所以在安排与国企人员会面时，需要安排与对方同级别的己方领导参与会面与接待，以避免不必要的猜忌。当然，要做好这些会面安排，也要求项目经理平时保持对各类单位、各级别人群的充分交流，以了解各类型职场人士的基本尊重诉求。

（4）善于"翻篇"。与人交流前难免会遇到信息无法全面收集的情况，故而交谈时也难免会谈及对方不想详谈的事情，所以在捕捉到对方不想谈及此事的神情时，要主动岔开话题，接入开心的事情，使其不至于陷入难过或是手足无措的境地。

（5）在他人面前控制好情绪。此项要点基于自我情绪管理训练。凡事不急于付诸情绪，事事都要深思熟虑。在会面中，首先给人以和善、稳定的印象，负面情绪由自身或在小团体内部处理。这是情商的一种直接体现，其所产生的"给他人面子"的效果也是他人在交谈中所普遍需要的，故自然也是尊重他人的一部分。

（6）不随意在公开场面反驳他人。如果对他人的决策或想法有意见，可在私下与其交流，这样不仅顾及他人的颜面，也能使自己避免被驳斥后无言以对的尴尬，同时这也是获得他人好感与尊重的好方法。

（7）不随意将他人当成自己倾吐心声的对象。我们时刻都需要明确，将自己的心里话和对生活的感悟随意与他人的分享并不代表真诚，有时反而会变成会谈中的累赘，把他人弄得骑虎难下。事实上，我们需要在倾吐心声之前先摸清楚他人接受这些信息的意愿及交谈的直接目的，如果对方也有意愿交谈此方面的内容那便可以谈之。切记不可在没有非正式场合互动的铺垫之前强行与对方"交心"。

（8）不过分为难他人。若以"最优秀的职场人"为目标培养自己，那自身负责项目涉及的工作内容要尽力寻找到不依赖于他人的解决方法——或凭借一己之力可以解决，或是可以通过管辖范围内的同事或供应商加以解决。若某项任务确实需要加入他人的帮助才可以更快速地解决问题，则想办法寻求相关帮助，但若他人实在不愿意施以援手，也要予以理解，并依然表示感谢。

（9）在对方有需要时尽力而为，并给对方一种"陪伴"的感觉。业务往来密集的同事、合作伙伴、客户代表在平时要经常联系，时常互动，交谈中工作事务和生活事务各占一半，也可以组织双方携家人一同出游，在此基础上，在对方需要时给予对方力所能及的帮助，令自己成为对方明确的支持对象——从心理学角度讲，给他人提供有效的"社会支持"，有利于他人在你这里获得安全感，有利于加深彼此间心灵上的紧密程度。

（10）有效开导中年人群。职场中，45 岁及以上的中年人是种特殊人群，如此阶段尚未创业，或未进入高管行列，则极有可能陷入中年危机，即他们深知不再像年轻人那样有冲劲、有精力多干事，又拿着较高的薪水，故而会特别害怕自己在企业的位置被年轻人取代——客观地说，除高要求技术性岗位外，在一般行政事务性岗位上，45 岁的中年人与 35 岁的壮年人并无实质性差别，所以他们的担心是合理且必要的。但无论是你正好处于这个阶段或是面对这个年龄段的交谈对象，首先要正视这个阶段——这也是中年人士职场定位的一项重要内容；其次，工作事务以外的交谈内容要围绕找出路、找投资内容展开，以使中年的自己或他人依旧可以充分地保持市场敏锐度，对自己建立新的要求体系与发展方向，以顺畅地过渡到"老有所为"的阶段。

整体而言，尊重他人包括优化自身的形象、举止、用语、思维方式，以及综合表达方式，使之最大限度地在短暂的接触中顺他人之意自然地流露出来——虽源自"技术"，但令他人无理由拒绝。

本节的最后，我们来看看来自某大型国有企业事业部经理庄女士对于如何将尊重融入接待工作和与他人日常交流的真知灼见。众所周知，在国内，政府部门和国企对于接待的研究最为深入，但对大多数"体制内"的员工来说，对其融会贯通还是有些困难。而庄女士不但在单位内因得体的接待工作和优良的对外沟通表现得到领导的一致认可，在组织外也因较好的社交表现而左右逢源，并承担了其母校校友会的重要工作。接下来，就由庄女士来讲述一下她如何做到尊重他人，令他人在与她相处过程中感觉到被合适对待的心得。

"我认为，在职场中，尊重是一切沟通的基础。如果你的领导、同事、合作伙伴、谈判对手没有感受到你的尊重，那他们自然不会给予你想要的帮助。但尊重不是说几个敬语，注意适度的礼节就能够表现出来的，而是需要系统性地将外在表现和内在思维活动结合起来，让对方真正感受到你是在意他的感受及所说、所为，并且想要理解他的。

在我看来，要时时表现出尊重他人的感觉不仅需要有大量技巧上的训练，也包括了'善意'的表达。通常技巧上的训练比较简单、明确，比如注意着装、妆容；谈话时要注意音量、语气与专注度；记住会议、用餐时的规则、礼仪等，只要勤加训练并在实践时多多留意就可以达到比较好的状态。而'善意'的表现则涉及很多意识层面的调整，比如，坦诚的心态，对他人的错误行为怀有理解，以他人利益优先，积极与他人建立互信关系，以及对合作的尽力而为等——若将其做到位了，能有效唤起他人对我们的尊重和信任感。但是表达'善意'训练时最大的困难就是表现出来的效果不易被自身察觉，而需要从沟通对象处取得反馈，以至于很多人在这方面都不能做到良好的表现。不过，即使难度较大，沟通交往中'善意'的表达能力仍是我们需要不断敦促自己去训练、提升的。

以商务谈判为例，因为参与商业谈判的每一方都以自身的利益为诉求，希望可以借由谈判使自身利益最大化。如果项目经理在沟通过程中不注意换位思考，一直从自身的角度出发与对方讨论各项事宜，难免会让对方内心觉得反感，谈判的成功率也必然会大打折扣。但是，若谈判伊始就先谈对方的利益和诉求，并且表现出我方良好的配合态度和服务意识，那合作成功的概率就会比较高——在很多大型项目的谈判过程中我们都是抱着'让步'和'吃亏'的心态去谈判，但最终的结果是对方也会在项目中客观地考虑我方利益，并且在之后也与我方建立了良好的信任关系。

当然，如果不能系统性地理解沟通交往中'善意'的具体含义，可以简单地以'以对方为中心'的原则与他人进行往来，以慢慢体会其对于表达尊重的作用。就我个人而言，通常我会在互动过程中本着'以对方为中心'的原则尽力将每一件小事做好。说几个最基本的例子。我在与人建交之初就会将他的名字记住，并且为其找到一个合适且令其心仪的称谓。比如，现在很多企业家会比较注重自身的修养，并且可能在专业领域会有很多的学术文章发表，那对其称呼为'某老师'可能会好过'某总'。在与人正式进入交流状态之后，我通常会比较愿意先让别人说话或表达意见，然后择机表述自己的观点，诸如此类。当然，谦卑的态度与举止也极为重要。比如，我每次与人接触时，无论对方年龄大小都会用敬语'您'；在走入电梯时也会注意按住门让他人先行；等等。这些以他人为中心的言行会令对方充分地感觉到自己被尊敬着、被关怀着，会从心里感到温暖，也自然会做出礼貌的回应，并将很大程度地对我产生'认可'的心理感受。

所以，我们若能在系统地理解尊重的同时不断修饰好自身，并在和他人互动时把各环节都做到位，那与人交往的过程中也就能自然地表现出对他人的尊重了。"

二、全面理解　诉求为先

开篇案例

美国福特汽车公司曾于 1956 年推出了一款新车。这款汽车式样、功能都很好，价钱也不贵，但是很奇怪，销量平平，和当初设想的大相径庭。公司的经理们急得就像热锅上的蚂蚁，可绞尽脑汁也找不到让产品畅销的办法。这时，在福特汽车销售量居全国末位的费城地区，一位刚毕业不久的大学生对这款新车产生了浓厚的兴趣，他就是艾柯卡——后来的福特公司总裁。

艾柯卡当时是福特汽车公司的一位见习工程师，本来与汽车的销售毫无关系。但是，公司老总因为这款新车滞销而着急的神情，却深深地印在了他的脑海里。于是他开始琢磨：我能不能想办法让这款汽车畅销起来？终于有一天，他灵光一闪，于是径直来到经理办公室，向经理提出了一个创意，在报上刊登广告，内容为"花 56 元买一辆 56 型福特车"。这个创意在销售端具体的做法是：谁想买一辆 1956 年生产的福特汽车，只需先付 20% 的货款，余下的部分可按每月付 56 美元的办法逐步付清。

艾柯卡的建议得到了采纳。结果这一方法十分灵验。"花 56 元买一辆 56 型福特车"的广告人人皆知——该广告词给人创造了"每个月才花56 元，实在是太合算了"的印象，使人们可以更好地接受汽车的总价。

奇迹就在这样一句简单的广告词中产生了——短短 3 个月，该款汽车在费城地区的销售量就从原来的末位一跃成为全国的冠军。这位年轻工程师的才能很快受到赏识，总部将他调到华盛顿，并委任他为地区经理。后来，艾柯卡不断地根据公司的发展趋势推出了一系列富有创意的方案，最终坐上了福特公司总裁的宝座。

在这个故事里，艾柯卡准确地把握住了领导的诉求和市场的诉求，并在合适的时间点给出了合适的建议，而这些都是当今职场人需要充分自我培养的才能。要说在职场实现快速升职能够有什么捷径，我想找准关键利益相关方的真实诉求点必然是其中最直接的一条路。

诉求的满足，是人与人稳固交往的核心，比如男女间有对于爱情与物质的诉求需要被满足，朋友间有对于互助和共鸣的诉求需要被满足，诸如此类。延伸到职场上，团队成员、利益相关方成员个人的职业诉求、财务诉求、情感诉求也是需要被满足或被呵护到的，故项目经理要对这些诉求充分了解，并在工作中加以满足，以使各方更有动力做好项目，高效率推进项目。

当然，要充分了解他人的真实诉求需要有"阅人无数"的经验，其最好在成为项目经理或部门负责人之前就要养成喜欢融入集体并乐于倾听的习惯，同时自己本身也能有较好的情绪、情感分析能力和一定的推理、想象能力——这些能力通常以自我情绪管理能力、定位能力、写作分析能力的训练为基础发展起来。所以，如果你自觉起步晚了，就马上开始，高频训练，以使自己达到能够快速把握他人诉求的境界。

此处，我对参与职场活动及项目的相关人员的诉求进行了一些梳理，虽然不一定全面，不过还是概括了大多数的可能性——人具体的诉求往往是复合且复杂的，读者在实际运用中需要根据实际情况合理组合这些动机以更为精准地找到应对策略。综合来看，职场人基本的诉求及相应的应对方法主要有以下几个方面。

（1）金钱利益诉求。逐利是商业世界最基础的企业动机与个人动机，没有人会拒绝通过合理合规的方式来盈利的机会，所以项目经理在执行项目的过程中一定要弄清楚项目给各方企业及参与人带来的经济价值是什么，并使项目最大限度地迎合各方对于财富的诉求。

（2）对权力的追逐。在满足了金钱利益的同时，部分项目工作的参与者还有着更大的事业心和抱负，即借由项目的成功进入更高级别的管理岗位，这些人存在于本公司内的项目组，也存在于公司外的利益相关方中，比如客户企业、合作企业的代表人。项目经理要凭借自身的职业经验准确地捕捉这些人，以保证与促进项目高效推进为前提，尽可能地帮助到他们——因为有能力且具备一定"野心"之人，在职场中往往会有比较好的前景，故项目经理需铭记"帮人即帮己"，在具备合适机会时一定不要吝啬于扶助他人。

（3）在上级面前有所表现的诉求。对于很多较为年轻的职场人士尤其是职场新人来说，因本身还不具备获得较高奖金回报或是获得更高职位的能力与筹码，所以他们在工作岗位上或是参与项目时只希望能够在上级眼中有所表现，对于此番诉求，项目经理也应予以重视，并尽力让该员工的直属上级看到他的优良表现与长处，以此调动其参与项目的积极性。

（4）融入职场的诉求。对于很多刚毕业进入社会的职场新人而言，第一份工作或前两份工作并不以赚钱为目的，而是希望找到一份工作环境合适、工作紧张度适中，并且有着较好同事关系的工作，借此来慢慢熟悉"成人社会"的环境，故而无论是做项目还是日常工作，这些员工都以可以融入职场环境并尽快找到职场状态为职业短期目标。所以，项目经理要对这一类员工有较好的辨识度，并以布置相对其能力而言中度复杂的任务对其进行实践培养，让其适度参与项目的同时也能慢慢找到职场的感觉。

（5）融入大家庭的需求。有很多背井离乡来到大城市的员工往往希望在企业中找到家的感觉，尤其是还未成家的年轻员工更是如此。所以，项目经理要妥善安排好工作时间及与组员互动的时间，让员工有更好的归属感，进而可以更有动力将工作做好。

（6）"改变世界"的诉求。在职场中，部分有突出专业天分的员工往往不以金钱和权力为追逐的对象，而是以自我实现和改变行业现状为工作目标。此类人数量极少，但是一旦遇到就要善加对待，为其提供较好的发展土壤，以让其可以发挥出自己才能，帮助企业可以以创新的产品和服务抢占市场先机。

在了解了人的这几项诉求之后，项目经理应基于自身的条件和经验对现有同事及合作方代表进行职业动机的分类，并在未来的工作中敏锐捕捉这些项目相关成员的诉求变化，在合法合规的情况下适时给出激励、善加利用，促成项目高效推进。

本节的最后，曾在全球四大会计事务所之一任职，目前在创业投资公司担任项目经理的韩女士将从自身的管理经验出发，谈谈其对他人需求把握的经验与方法，并就如何将他人需求和自身管理策略充分结合进行说明。

"对内来说，对员工诉求的分析我会先以 MBTI、霍兰德测试等专业的职业兴趣测试工具为基础，对员工的基本职业偏好和职业诉求的进行初步了解，而后再结合试用期内与员工的实际接触进一步了解其个人能力和职业发展规划与公司需求的匹配性。从一般的求职目的来看，有的人求职为高收入，有的人为自我实现，有的人会为了舒适的感觉，或曰家的感觉。项目经理在吸纳人才时需要明确知晓自己公司开出的条件是否能够满足员工在这些方面的诉求，如果公司所开的条件与员工的期待有重大差距，那即使员工进入公司也会继续寻找新的工作机会。除此之外，我认为项目经理在选择员工的时候还要综合考虑员工在专业方面的发展需求和公司本身的专业方向的匹配性。因为员工进入企业工作都有着基本的自我提升和市场竞争力提升的需求，如果公司给不了员工期望的专业提升方向，那员工和公司的组合对两者而言都不是最优的选择。所以，我在招募员工时首先会选择专业能力、职业发展要求与我公司匹配并且能够满足于公司所提供待遇的员工，之后通过合作了解其有能力、有天分去走的职业路线，并做出合适引导。如果发现员工的职业发展方向和公司发展规划相匹配，那自然会更为重用此员工，并且也会鼓励其为公司的发展做出更多的贡献，以获取更好的职位和薪水；如果发现员工的职业规划或职业特长和公司的发展需求出现偏离，那我也会主动帮助员工寻找更好的工作机会。

对外，对合作方，通常诉求是从财务利益为出发点的。所以项目经理的主要工作就是做好利益的平衡。以我负责的创业投资基金项目为例，基金的优先劣后级的比例设置，优先级部分的最低回报率和超额部分回报率的设置，以及监督融资方在触及劣后方对优先方回购的时间节点之前达到上市要求并稳步推动上市，都是利益平衡的关键工作。在这个过程中，各方都会从自身利益出发，比如劣后方（通常为标的公司大股东）希望优先级在投资期内拿固定回报率，然后在上市前退出，以使自身的利益最大化；而优先级一般设计的模式是在企业上市前以拿相对确定的固定回报为主，但会希望企业可以尽快上市以获得最大化的收益；而我们基金管理人因收入获得方式主要是基金总规模的提点，所以从自身利益角度来讲，我们会比较倾向于帮助投资占比较大的优先级一方的利益的实现——并且通常来说，劣后方往往是投资标的的股东方，所以是属于资产端一方；而优先级投资人代表资金端，如果在一个项目合作得愉快，下次投资时往往还会选择与同一管理人合作，可以说优先级资金方是基金管理人的'优质客户'。所以，我的工作一是深刻理解各方之间的利益关系；二是优先从最重要合作方的利益出发，兼顾其他相关方利益，促进项目以最佳状态推进。

此外，从我的经验来看，要想充分了解他人的诉求还有一项前提工作，那就是充分了解这些人'背后'的信息。仍旧以创投基金项目为例，因为企业管理层是确定公司上市与否的主要责任人，于是我就需要对这些管理层成员的个人想法、个人经济状况，甚至是他们的家庭成员对他们事业的看法都要有充分的了解，这样才能比较客观全面地了解他们的诉求，并予以满足，以保证投资后项目可以向着自己希望的路径发展。所以，了解诉求是一项复杂的系统性工程，切不可只浮于表面进行分析，而要将个人的推理能力发挥到极致，尽量做到了解他人的诉求像了解自己的需求一般全面、明确。"

三、用人不疑　重视专长

开篇案例

百胜全球餐饮集团董事局主席、首席执行官兼总裁大卫·切诺克是人才战略的极端推崇者。他认为："如果能够运用公司所有人的智慧，就没有我们做不到的事情。我们能够解决任何难题，实现创新、知识共享和团队协作。"在他看来，大多数企业领导只关注如何赚钱，却从来不会想到是员工让盈利成为可能。

在他取材于真实案例的小说《赏识的力量》中，他透过主人公杰夫表现了自身对于人才全面的分析能力——书中有一段经典描绘是杰夫在欲向公司提出改革意见的高管会议之前，对每个高管的职业能力和性格所进行的深度分析，包括首席信息官专业能力过硬，关注每一位成员，但却盛气凌人，不容得任何差池；首席法务官在制造行业有着令人瞩目的成绩，在下属中的威望颇高，但是没人敢质疑或者向他询问细节，并且他对自己的沟通问题是不自知的；人力资源总监和蔼可亲，受所有人喜欢，但他是一个在局势不明朗时独善其身、绝不轻易表明立场的人；诸如此类。此外，在识人基础上，书中也展现了其拉拢人才、运用人才的能力——通过赏识与感激的表达和积极的培养，让员工感受到自身的价值所在，进而更具有凝聚力，更愿意付出——正如他在书中所说"每个人内心深处都渴望被赏识，它对我们的意义不仅限于激励，这就是需要许多企业教练而不是老板的原因。人们可能不愿意为老板工作，但是一定愿意为能够激发他们潜能的人工作"。并且他还会在引导专业人才发挥自身的能力和创造性为公司的业绩拼尽全力之时，借由对典型案例的公开让所有员工看到自己的人才战略。

基于这些分析人才、运用人才的理念与策略，诺瓦克把百胜公司数万家餐饮连锁店管理得井井有条。传奇职业经理人，通用电气公司前总裁杰克·韦尔奇也对其褒奖有加，他曾在自己的第二本书《赢》中写道："年轻的 CEO 大卫·诺瓦克，他把百胜公司超过 33000 家的连锁餐厅变成了新的经营思想的实验室。"试问，时至今日，有谁还能够忽视吸纳人才、培养人才、运用人才的重要性？

职业专长，不仅是每一个职场人安身立命之本，并且从项目组的角度来看，项目经理能否对每个人的专长有充分的了解和到位的把握，并将拥有不同专长的人员合理组合，使之发挥出协同作用，直接决定着项目的成败。所以项目经理需要充分训练自身识别他人专长、运用他人专长的能力，使自己无法做到能力可以覆盖项目每个工作环节所需的情况下能够借由他人的能力高效地解决项目难题——基于本书的理念，此处所谈及的专长不仅包含专业方面和管理方面的硬技能，也包含各项软技能。

但要如何合理地发掘有专长之人加入项目组或发现项目组现有成员的专长并合理运用之，我认为主要分为以下三步。

（1）项目经理要对自身工作领域内的各项专长有明确的了解，弄明白真正称得上是"专长"的个人行为特征与绩效表现。通常以行业最强者的行为特征和表现为标杆去理解会比较容易，比如建筑设计行业最好的设计师是如何统筹设计任务并以怎样的心态和工作步骤去实施既定计划，令自己能够达到目标的；最好的编程人员通常以怎样的思路去工作，并且掌握哪些编程语言和硬件知识，在项目进行时工作专注度是如何的；最好的律师通常采用怎样的步骤去分析、调研，并且在项目进行时如何模拟、演练，以增大胜诉概率，等等。当然，通常社会上的"专业人才"能力介于同类岗位人群的平均水平之上和行业最强者之下，所以项目经理也要根据企业实际情况和项目实际需求，合理设置对于个人专业水准的认定方式和绩效评估体系，对内，可以使人才的招募更高效率推进；对外，可以快速甄别合作方或客户方的相关成员是否可以为项目带来帮助，以调整好预期。

（2）项目经理需根据所制定的专业化能力之特征，招募合适的专业人才进入项目团队——本项工作内容主要针对企业内部而言。在有了对专业化人才相对标准化的认识之后，项目经理就可以比较全面地编制好岗位说明书并与人事部门共同推进这些专业化人才的招募工作了。为使招募过程可以更为顺利，此处强调两个关注点：一是专业特长是表现出来的而不是吹出来的，员工以往的工作经验极为重要，所以项目经理要在简历筛选和面试时严格把关，并对应试者此前参与的关键项目进行详细询问，以确定其专业能力与项目需求相符；二是项目经理在选人时切不可只看硬技能而忽略软技能，正如本书所传达的理念，软技能也是职场人士重要的职业技能，是员工综合素质的重要组成部分，所以项目经理在选人用人时切记不可忽略软技能。

（3）无论是在组织内还是组织外，项目经理要做到使用专业人才如同使用自己的特长一样得心应手。当然，要达到此目的，需要项目经理自身在项目专业技术能力、管理能力、领导力等方面有较好的铺垫，即先要获得员工与合作伙伴的认可与信任，同时也需要重视他人的意见与工作，对他人的良好表现给予合适的反馈与激励，使他人心甘情愿为项目付出自己的专长，以此实现将高水准人才组装成高水准项目组的工作目标。

了解他人的专长是项目人力资源管理中选人、用人的核心，此方面如能按步骤妥善计划并完善实施，不仅可以令项目高效推进，也可以为企业人才储备工作做出实质性的贡献。同时，对全行业专业人才个人行为特征与绩效表现的全面了解也可以有效指导企业绩效、薪资方案的制定，让企业更好地做到用人成本与需求、预期的匹配。

本节的最后，我们来看看某传媒集团频道总监秦先生如何识别专业人才，并通过合理的管理方式让专业人才可以发挥出自身最大的效用。

"因为在我的观点里，职业人士的发展路径必然是向着更高级别的管理岗位走下去的，所以对我而言，要选择下属和团队的新人，在识别人的专业度环节，必须是软技术、硬技术一起看。很多人会单看硬技术来评估与选择人才，但对我而言，以如此单一维度的方式来评价，而不注重情商等软技能结合之下的综合评判，肯定不能选拔出最具快速发展潜力的人才，自然也很难在这些苗子里培养出素质全面的管理型人才。

具体从评价维度看，我对人综合专业能力的评价角度主要有 5 个方面。

（1）硬技术必须过硬。虽然硬技术不是全部，但它是一个人职业道路发展的基础，没有此基础，员工就无法很好地完成专业性工作，自然其他的机会也就无从谈起了。

（2）员工自身要非常注重情商的发展。因为大部分人都不是天才，不能单以一个技能谋生，如果想成为综合素质卓越的职场人，缺少情商发展的意识，而极端地追逐技术能力，即使在专业领域取得一些成绩和名声了，也是无法承担繁重的资源协调任务的。

（3）具备持续努力的心态，且要顺着时代发展的需要充实自己。人一旦少了努力就失去了'可能性'，但是人如果盲目努力就会浪费时间，从而错过成功的最佳时机。所以，如果一个人要成为卓越的人才，必须具备持续努力的心态并付诸行动，同时对时代的发展密切关注。

（4）行为仪态必须得体。这一方面是家教使然，另一方面也是自身在职业环境中的自我塑造。不难推敲，如果一个职场人士没有得体的仪态和行为举止，那除非有'真爱'做基础，不然很难与他人建立友善的来往关系。简言之，缺乏了'友善'的基础印象，人就不易被他人喜爱。所以职场人士应该多以他人视角来反省自身在行为举止和仪态上的缺点，加以纠正，争取做到即使不被别人关注，但也不要被人反感。

（5）懂得感恩。"感恩"虽然是人主观且隐性的能力，且不易于评价，但是我认为管理者必须在与员工的相处中做好对他们感恩能力的评估。因为在中国传统文化之下，感恩的自觉性和技术直接决定了员工是否能够持续地在市场上获得支持，同时，现实地说，也决定了管理者是否能够在员工'飞黄腾达'之时反过来得到他们的帮助。所以，管理者应该将感恩的自觉性和感恩的技术作为提拔普通员工进入管理层的标准之一，职场人士自身也要将'习惯性的感恩'作为自我修养提升的重要内容。

虽然细看起来，每一个行业所涉及的硬技能、软技能都应该成为评价员工综合专业能力的指标，但是以上五点内容是我认为能够直接决定普通员工是否能成为管理者的关键，同时，这五点也与员工硬技能、软技能的发展相辅相成。做到了以上五点，员工就更有机会获得较好的工作岗位，进而更好地发展自身的硬技能与软技能。而人的硬技能、软技能掌握得程度好，职业发展状态就会更好，会更有欲望继续努力下去，对于自身的情商和行为仪态的优化也会更为注重，也更有时间和能力去感恩。

另外，如同靠谱的人往往会选择与靠谱的人在一起，越是专业的人在选择合作伙伴时也会越注重他人的专业性——这里所说的'合作伙伴'包括合作者、下属、领导，以及能带来潜在资源的团队外部朋友。所以专业的人必须由专业的人来管理才能最大限度地调动他们的积极性，中高层管理者在设计公司组织架构和项目组织形式时应该考虑在关键岗位设置综合专业能力比较强的人才，以最大限度地吸引专业型员工的加入。当然，在位的管理者也应以身作则，在专业技能、专业态度、专业的为人处世等方面为员工做好示范，以更好地维护和训练员工。"

四、信任无价　取之有法

开篇案例

　麦肯锡的创始合伙人马文·鲍尔一直希望可以创立一种独特的服务，并以卓越的人才为基础来创建一个专业性企业，所以，他在麦肯锡中建立了一种以专业价值观为基础的管理模式。他曾于 20 世纪 50 年代晚期提出：

只要能够履行自己对客户和公司的职责，我们的咨询顾问就可以自由行动、独立思考，并且有机会开展自己感兴趣的专业活动。当然，这种自由是建立在咨询顾问的专业性及对客户和公司的高度责任感之上的。我们期望我们的咨询顾问给自己规定比公司的要求更高的业绩标准、自律精神和负责态度，这是我们的一种传统。我们绝不会用公司纪律来取代自我约束。

同时，马文始终要求将客户的利益置于首位，并身体力行。他曾在接受《财富》杂志采访时分析道：首席执行官都是很孤独的。大多数情况下给他们打电话的人都是想要说服他们，或者向他们推销什么。但如果你很有礼貌，准备很充分，而且不是为了给自己谋利，他们就会乐于跟你说话。

马文·鲍尔确立了明确的价值观，在自己漫长的专业生涯中贯彻始终，并在合伙人的帮助下挑战当时的世俗成见，创造了一个新的行业和一个新的企业。对此，合伙人麦克·斯图亚特是这样总结的：这些指导原则都是要使我们与众不同，提升我们所提供服务的质量和我们的声誉，使我们取得成功。这些价值观都是为了赢得客户的信任，使我们的咨询顾问充满激情地全力以赴。缺乏客户的信任，你就不会有像样的客户。没有员工的投入，企业就不会继续发展。

在商业活动中，信任的获取能力极为关键，其决定了项目经理是否能够获得支持并最大限度地整合资源。通常情况下，信任关系不是一句"相信我"就能够建立起来的，而是需要双方较长时间的接触并在多次测试、考验之后才能够真正确立。同时，职场中的信任关系往往是"一事一议"

的，即如果某人在某一专业领域信任你，不代表其在其他专业领域也信任你。所以项目经理想要获取他人的信任，就要在熟知职场信任关系基本模式的基础上让自己成为经得住信任测试和考验的人，而在这过程中，项目经理自身的专业度和服务意识是帮助项目经理通过考验、促成信任关系的关键因素。

如上节所说，专业度是职场内选人、用人的核心，所以项目经理自身的专业度自然也就是客户、上级以及其他合作方在选择项目管理者时的核心评价要素了。大致来说，项目经理可以用自身选择人才时的专业度评价模式来调整自身专业度，以让各类合作方认可自身的基本能力。不过作为一个经理人，在向他人展示专业度时还是有许多需要特别注意的要点，具体有以下三项。

（1）项目经理必须让自己成为对项目责任心最强的人。因为项目经理是项目的核心，熟知项目的每一个环节，所以他是保证项目正常运营，控制项目整体风险的第一责任人。对企业而言，在一个项目中，项目经理的替换也是相较其他人事变动综合成本最高的。所以项目经理如对自己的项目不能充分地表现出责任心，那势必将无法获得各方人士的信任。

（2）项目经理要认真对待向上级领导、客户和其他合作方的汇报工作。因为项目经理是对项目最为了解、最为关注的人，自然也是最能够说清楚项目情况和项目与外界利益关系的人。所以，所有有关项目的汇报原则上都应由项目经理自己主导，并在汇报前基于上级领导、客户、合作方的要求和关注点做好充分的准备。

（3）项目经理要适时展示自身在管理方面的专业度和见解。作为职业经理人，项目经理应时刻注意自身管理能力的培养，并且需要择机在与公司高层讨论项目的过程中适时提出自身关于项目内管理模式优化的建议，以传达自己有能力在完成项目后胜任更高级别管理岗位，承担更多的管理责任。

此外，"服务意识"在很多情况下也是获取他人信任的重要催化剂。在专业度之上，项目经理如能更多地以他人为中心，时间分配、工作安排以他人利益优先，将会令对方全面地感受到合作的愉悦，甚至是温暖，进而更快地产生信任感。所以，此处建议项目经理从以下几点出发，完善自己对他人的服务。

（1）项目经理应多为他人提供自身专业领域范畴内的答疑服务。你在专业范畴内掌握的所有信息及相应的理解、分析都是你的知识财富，当客户、合作方在你所擅长的专业领域内有疑问时，你应将"财富"与他们分享，从而慢慢加强他们与对你的依赖。

（2）在和客户协作的过程中，如果对方无法凭一己之力完成自身职责范围内的工作，项目经理可以帮忙替他完成。在职场关系中，将一切工作关系划分得过于清晰往往不利于双方进入情感层面的互动，而信任又是一项极为感性的心理活动，所以拿出"大度"的感觉，在对方工作遇到困难时不要"冷眼旁观"，更不要在对方渴望被帮助时推诿，而要积极地提供力所能及的帮助，对待客户尤应如此。

（3）主动与客户及合作方保持高频交流，将行业内的重要的信息和最新政策与他们分享，如果会面或电话不方便高频率安排，项目经理可通过手机短信、邮件或公众号推送的方式向客户与合作方传播业内重要信息，以及分享和评述最新政策。此举将有助于项目经理成为专业领域内的"信息中心"，也可进一步增加各方对项目经理专业知识的认可度。

总体来说，项目经理训练好自身获取他人信任的能力，不仅能为项目的资源获取及销售推广起到正向的推动作用，也能通过与各方信任关系的建立为自身未来的职业发展带来更多的可能性。

本节的最后，我邀请了蒙先生来谈谈获取客户信任的关键点。需要说明的是蒙先生本身并非营销学科班出身或名校毕业，但是其凭借为他人着想的工作方式和自学而来的专业能力，在大型互联网企业中亦获得了较为快速的层层提拔。目前，30 岁不到的他已经在重要产品部门担任了销售总监职务，并负责核心大客户项目的管理工作。以下是蒙先生在当前的时代背景下，对于项目负责人专业度和服务意识的看法。

"虽然服务性行业不同于生产型行业那么依赖于产品的独特性，但是基于综合能力各项要素的企业、个人的专业度依然是最为核心的竞争力，企业越大、越需要扩张之时，专业度能发挥的作用就越明显——因为这是能让新客户迅速了解你、信任你、给你订单的唯一捷径。很多销售人员对'拉关系'的关注度要高过自身专业度的培养，这其实是本末倒置了。

当我还是初级销售员的时候，我和我同组同事分别向我们本地的两家上市公司推销我们的产品，因为那时我们俩都是刚进公司的'菜鸟'，所以各自在销售此类新兴产品的路数上也都是摸着石头过河的。但因为我同事此前在一家小型的互联网公司有过一定的销售经验，且有过一个成功案例，所以他推进的力度明显比我快很多，仅用了一个月的时间就接触到了对方公司采购部的高层。而我比较笨，一个月时我还在和对方公司通过邮件进行沟通，向他们发送我公司的市场信息和最新的产品报价，直到 3 个月过后我才通过申请程序与对方采购部的专员进行了会面——彼时，我那位同事已经与他的客户签订了采购协议。这结果再次提醒我，我的起点比别人低，所以我应该更加努力。于是我开始全面了解我们的产业和竞争对手，独立梳理我们企业的优势，并结合公司内部培训内容将系统的互联网知识、大数据知识融入宣传材料中。同时，在客户提出疑问或寻求帮助时，我第一时间予以解决。于是，在一年后，我签下了我负责的那家上市公司——这也要感谢领导对我的信任。这家企业至今仍然是我的客户，而我同事的业务却在我签约的数月后解约了。后来我了解到，因为我同事当时是通过不正当利益关系做成了这笔业务，所以在对方领导离开公司之后，受各方因素的影响，这笔业务就中止了，并且对方也没有再次启动的意向。所以，从那一年开始，我就下定决心要让自己走专业化道路，让自己和客户能够维持住稳定、持久的关系。

此外，我认为销售工作从业者的服务意识及相应的服务态度对业务推进而言是极为关键的，在这个时代，甚至是决定是否有业务可做的。我相信与我一样有长期参与商业竞争经历的销售类经理人对于如何比竞争对手企业、同行人士做得更好都很有经验。但是当前的状况是，我们所要面对的竞争可能不单是来自同行——这是一个人类和电脑赛跑的时代，互联网服务已经在很大范围上取代了传统的人工服务体系，我们从火车票订票、水电费缴费，甚至物业管理等服务系统的改变就可以看到互联网服务强势来袭的趋势。可以预见，10年内，大多数非知识密集型的，机械性较强的服务，都将被互联网和初级的人工智能所取代。就我个人的工作而言，我所销售的企业客户端产品因为模块化的不断完善，且已经建立了较为科学的线上演示和下单、付费体系，正将多数销售人员逼向失业的境地。这时，销售人员就要思考：怎样留住自己的客户？

首先，我认为，无论时代怎么变，人们对于'最高级别'服务的需求始终不会是'自助式'的，而必然是由'人'来提供的——从各大银行信用卡中心白金卡、钻石卡及以上等级的信用卡服务专线拨通后没有自助服务选项而直接跳入人工服务就可以看出'真人'服务对于满足高端客户需求而言的重要性。归根结底，这是人们心中对于人性、创造性和专属性的需求——因为电脑程序在服务时都是设定好的内容，所以不会有合适的情感反馈，对于极度复杂的问题也无法一次性解决，在服务时也不懂得变通。所以，人类在服务时所传达出来的'人性效果'对于服务性行业来说依旧是重要且不可替代的。如果负责销售的项目经理能够有良好的服务意识，就能够找准这些展现'人性效果'的重要环节，以维护好客户的满意度——我始终相信，服务业的从业者如果对行业够喜爱，专业度够强，且服务意识较好，就可以看到许多细小但却重要的工作缺失。因为服务业不像生产行业那样有大量标准予以约束，可通过设备的升级来优化产品，所以很多情况下需要靠人的建议来指导优化。以我个人的工作为例，有时因为产品版本的更新，客户在使用我们产品时，专属界面上会出现他们难以理解的内容，这就需要我们销售部门向技术部门反馈，为该客户的专属界面予以单独修改。诸如此类的优化，虽然不是像律师或医生那般完全的'一事一议'，但是如果我们能早于客户发现这些问题，并尽可能地保持客户享受服务时的专属感，那客户也会更乐意与我们在'线下'见面沟通并通过我们来签署合同。

综上，无论市场内来自同行人士的竞争，还是来自电脑程序的竞争，如果服务业项目负责人提升自身的专业度，并且切实为客户着想，让客户不'将就'地去享受服务，那客户自然就会更需要你、信任你。"

五、职场扶持　换取人心

开篇案例

宝洁公司的成功跟它独特的用人制度有关，这个用人制度的核心是内部员工晋升制度，在这套晋升制度下，企业和员工都获得了快速成长。

据统计，宝洁公司 95% 以上的管理者都是在内部晋升机制内成长起来的。

宝洁公司认为，好的公司需要一套相当明确且层次丰富的多通道晋升设计。宝洁公司的晋升设计对进一步提高员工的发展愿望和明确员工的发展方向起着相当重要的作用。毕竟"种子"所蕴含的发展愿望只是一种朴实、本能的获得需求，这种洪荒之力更需要方向性的引导。而这正是晋升设计所能发挥的重要作用。

宝洁公司的观点是：成长是员工自己的事情，但是尽力帮助员工成长则是企业的责任。这种帮助一定要能落地，并融入每一个员工成长的每一个细节。毕竟对于员工来说，成长之旅是充满各种未知的冒险之旅，管理者作为员工职业成长的监护者，不仅要告知方向，更要告知路况，甚至关键时刻要出手相助。

因项目是"为完成某一独特的产品或服务所做的一次性努力"[（美国）项目管理协会定义]，所以在项目结束后相关参与人员还需回归组织中的原有身份，还需考虑个人职务升迁及获得原岗位上级更多的认可。项目经理则有责任帮助项目组内成员，尤其是比较优秀的组内成员争取更好的职业发展——其不仅是组织留住人才的必要手段，也是为了未来的项目可以获得更大的支持而铺设道路。其主要通过两方面展开，一方面是直接的优秀成果传播，包括但不限于项目经理向组内成员原上级汇报其在项目中的突出表现，协助该成员获得更多的组织内外资源等；另一方面，从培育员工的角度来看，即项目经理要在项目实施的过程中以最能够顺应员工天分、原有经验而进一步提升专业度的方向去引导员工实践，使其在项目结束时可以得到能力等级的提升。在直接教学时可以"对员工职业发展帮助最大"为目标来设立课程，多让员工学习与自身工作有关的技术，以使员工可以更为快速精准地成长。

综合来看，项目经理帮助组内成员更好地发展，主要可以从以下几个方面努力。

（1）在项目总结报告中充分肯定该成员所发挥的作用，并在相应的对外项目描述时充分谈及该员工的贡献，帮助其树立良好的职业口碑。

（2）在与项目相关客户方、合作方接触时，可以让员工有一定的自我表现、展现能力的空间，使该员工可以在各利益相关方面前留下较为深刻、良好的印象，为各相关方日后成为该员工自身的资源打下基础。

（3）如项目经理自身在企业中处于较高的管理岗位，在员工意图离开公司前往别的企业寻求发展之时，可以为该员工特别撰写一封推荐信，从领导的角度说明该员工的能力、业绩的卓越，帮助其能够获得更好的岗位和薪资待遇。

（4）在项目推进的过程中要对该员工的每一步里程碑工作的顺利完成给予合适的肯定，让其有良好的心态面对接下去的项目工作——此举也有助于员工从心里找到自身的价值所在，建立更积极的职业态度。

（5）为员工提供全面的硬技能、软技能的培训，让其能够有更好的职业素质去面对升迁后的管理职责。

（6）为员工提供必要的"政治指导"，使其可以避免触及公司高管的"政治禁区"，找到合适的企业内资源体系，以帮助其高效升迁。

当然，不同组织也有自身独特的升迁规矩，项目经理还需根据自身组织的特征，给出合适建议，以让组内成员可以得到上级更为充分的肯定和积极的帮助。

本节的最后，我们来介绍一位对员工培养颇有经验的职业经理人——一直以来，他都为自己员工的发展费尽心思并努力扶持，在二十多年的职业生涯中培育出了许多职场精英，并且即使在自己创业最为困难的时期也不忘帮助他人，而最终得到善报，获得徒弟的援助令公司顺利上市。以下，是某大型新兴制造业集团董事长杜先生的宝贵经验。

"在我看来，全心全意帮助员工进步，给予他们充分发展的机会，是自己的责任，但对很多管理者而言是不太乐意的。一方面是因为有的管理者认为员工过于'闪光'可能会威胁到自身在集团的地位；另一方面是因为很多员工如果成长得过快，对于薪资待遇的要求就会快速提高，如果本企业无法满足，则极有可能会令其跳槽，这无疑也是人才流失的一种形式。而我，却乐于享受一种'桃李满园'的感觉。

关于帮助员工，我有两个观点。首先，工作是我们人生极为重要的一部分，可以说，人从学校毕业出来后工作就是生活中占比最大的一部分。所以，每个人在刚进入社会时都要做好从学生到职业人士的过渡工作。但现实是，很多人都不能把握好这个过渡过程，往往会长期带着学生时代的慵懒、自我为中心等态度面对工作，这时管理者就要出面干预并给予引导，不可放任职场新人持续地随性而为。我的一般做法是，看到这些年轻人的问题后主动约谈，并指导他们改进，因为这些没怎么接触过社会的年轻人往往不知道自己哪些地方是做得不对的，所以管理者有时需要在他们尚未发现自身需要帮助的时候就主动出手。

其次，我喜欢有才华的人，不分年龄不分专业领域。所以，当我发觉某员工有出众的才华时，必然会思考如何给予他更好的机会去证明自己。因为员工在市场上立足不单是学历、职业经历等标签，更为重要的是是否做过一些前沿的项目，这样的项目才是令市场上的大佬们刮目相看的筹码。不过，即使我尽全力帮助了这些才能非凡的人，给予了他们更好的发展机会，但是我从不强求这些员工一定要留在我的企业，因为正常的职场人士应该是有自主决策、选择的能力的，优秀的职场人士更应该如此。所以,如果有人觉得别处的平台更好,更适合下一阶段职业能力的发展,我不会去妨碍他,而会鼓励他要全力以赴。当然我会给他们留下回来的路。

做管理工作二十多年,有很多早些年带的员工如今也已经四十多岁了,他们在各自的职业道路上都取得了不错的成绩,并且有的人也已荣升为各大企业高管,我与他们仍是好朋友,在许多事务上也达成了合作关系——其实人与人的关联就是这样,你在别人需要帮助的时候帮了他,他也会在未来你需要的时候给予你帮助。"

六、闲时互动　重在准备

开篇案例

美国前总统比尔·克林顿是一位非正式场合社交的好手。纵览他的成长历程,他的政治成就可以说与他的社交能力密不可分。

1984 年,时任阿肯色州州长的克林顿第一次参加"文艺复兴周末"——这是美国各界顶尖人物参加的私人活动,外人只有受到成员邀请才有资格参加。克林顿的"入场券"还是通过他的好朋友,当时的南加州州长搞到的。在这个全国性的社交聚会上,各行各业的领军人物会聚集在一起。这对当时的克林顿来说,简直就像一个小男孩进入了琳琅满目的玩具店。他把每一分钟都用来与人结交。

1992 年 12 月的《华盛顿邮报》对"文艺复兴周末"上的克林顿是如此描述的:很多宾客对克林顿的印象都十分深刻,他顺利地从一个话题转换到另一个话题,即使是在屋子的角落,往墙上随意一靠,都能迅速吸引众人的注意力。他好像认识会上所有的人,这种认识不是只停留在从名片上得来的肤浅信息，他还知道别人的职业、兴趣。

格林威尔市前任市长麦克斯·海勒回忆道："他会和你拥抱，这种拥抱不是机械式地抱住你，你能从他的动作里感受到他诚挚的感情。"

事实上，海勒所说的正是克林顿在非正式场合迅速与交流对象建立亲密关系的特殊能力，他不仅事先记住了他人的信息，他还利用这些信息与他人建立关系，至于那个拥抱，实为"点睛之笔"。

所谓"非正式场合互动"就是在会议间或办公室以外的地点发生的并且不属于会面后正式安排的互动，比如在餐厅、体育馆、高尔夫球场、KTV，甚至是网吧发生的互动。虽说用到的是办公时间以外的时间，但对项目经理而言，此类互动主要还是以项目推进为目的——基本原则是对内以提升成员对组织的好感度和团队凝聚力为核心目的，对外以打消隔阂、提升对方对我方的认可度为核心目的。

从技术角度看，虽然项目经理在执行非正式场合互动任务时要始终以项目利益最大化为核心理念，但也要注意自然性和随意性，尽量不要让他人觉得刻意，以及最为重要的，要让对方觉得尽兴、满意。以下是几个需要注意的地方。

（1）邀请他人前来互动时，娱乐项目必须投其所好，这基于前期对对方基本信息的了解，信息可来自于他本人，以及他的同事、朋友等。

（2）想邀请某人前来互动时，如能找到近期发生的对被邀请对象而言比较值得庆祝的事件，比如升职、喜得贵子、生日等，就是比较好的邀请其出来一聚的理由。

（3）参加非自己方举办的活动，且活动中有重要相关方参与时，需要时刻做好展示"筹码"的准备，即以提升他人对企业和团队关注度、信任度为目的，做好团队以往项目经验、企业资源体系等的说明，以增强相关方对于项目的信心。

（4）参与利益相关方组织的活动时，首先需要表现出较好的融入环境的感觉，但需要尽力找机会与核心人士互动，并自然传达出自己对于项目推进的计划，以得到对方真实的表态与意见。

（5）当借由非正式场合去接触资源方时，项目经理需要将筹码和项目信息精准地传达给资源方，由对方评判并决定是否拿出资源和精力去支持项目，此过程中，项目经理也需敏锐、准确地捕捉到资源方的态度，及时抓住有利于项目发展的机会。

（6）即使活动安排得让对方感觉到"别有用心"，项目经理也不必过分担心，只要能够准确、合理地描绘好推进项目后或将出现的多赢局面，以及对于双方的益处，往往也会令其无法拒绝参与互动。

综上，非正式场合与人接触，讲究的是：深思熟虑但是自然流露。这其中体现的是项目经理对他人需求的理解能力，也反映了项目经理以工作任务为核心的全局安排能力。

本节的最后，我们来看看在社交领域颇有经验的某大型创业投资公司投资总监叶先生是如何充分运用非正式互动来帮助企业获得良好的投资标的并帮助被投资企业带动销售业绩增长的。以下是他的策略。

"我认为非正式场合的会面，或者说社交是极为有必要的，因为社交的目的即使不是为了立竿见影的利益，往往也是为了能够使双方的信任度能更深一些，所以有经验的职场人士通常会利用非工作时间高频次地安排与自己的合作伙伴或潜在合作伙伴见面交流，以促进感情——但是我的策略可能更为复杂一些——我在与人交流的过程中还为大家提供了社交的平台。

我组建的平台是一个专门面对高端职场精英的社交平台，最初成

员由我母校财经类专业的校友构成。四年前刚创办时，正值 A 股迎来
牛市，整个金融环境较好，所以当时就以老校友做金融讲座、经济分
析讲座为主要活动吸引了首批'粉丝'。而后，为了更为全面地吸引高
层次人才，我们开始邀请非我校毕业生但是在工作岗位上颇有成就的
经济、管理背景的专业人士来分享工作心得——我认为这些内容更符
合时下年轻人的兴趣点。果然，活动的参与者迅速增长，我们平台在
母校和行业内的知名度也慢慢地建立了起来。因为我校在华东地区有
一定的影响力，加上活动质量较好，所以后期非常顺利地吸纳了各知
名院校的优秀校友前来加入。

而我，作为平台的发起人和最初的策划者，前期几乎做到了每一
次活动都参与，这样不仅可以与会员充分交流专业知识，还能够从各
位来宾口中得到一手的意见反馈，有助于我们调整活动的内容、时间
和方式——现在我们会将比较商业化的演讲和人文社科类的演讲结合
起来，在帮助会员们更好地优化职业发展路径的同时也给他们补充更
多的'精神食粮'，整体类似于'社会版'的 PPE（Philosophy, Politics
and Economics）课程。同时讲座活动每两周举行一次，地点设在上海
市中心的一个咖啡馆……你可以看到，我们的活动已然融入了最吸引
年轻人的几项元素，所以，即使两年前我们开始向活动的参与者收取 50
元每人次的门票费，大家参与的积极性也依然非常的高。

关于这个社交平台，其实内容并不复杂，无非就是我与几个小伙
伴在我们本身的院校背景、职业背景的资源体系上，以'投其所好'
的方式设计了以讲座为主要内容的线上到线下的互动平台——而我更
想分享的是，通过这个平台为我和会员们带来了什么样的好处。

我大学毕业后的第一份工作是做会计事务所的审计员。虽然这份
工作与我的专业特长匹配，但是我心里能明确地感知到与其他财经类
院校的毕业生相比，我在会计事务所里并不能展现出更多的优势——

我认为自己是一个社交属性比较强的人，同时我也非常喜欢持续地尝试新鲜事物。于是我打算做创业投资的工作，并且决定如果能找到合适的机会，我会毫不犹豫就开始另一段职业生涯——在我创立社交平台的第二年，我有幸在活动的过程中遇到了我现在的老板，而后我就顺利地过渡到了'创投经理'的角色。同时，因为创业投资工作经常要涉足最前沿的领域，比如金融科技、区块链、工业 4.0 等，而因为我的知识面有限，很多问题单凭一己之力无法想透，但我们的平台汇集了各行各业的高质量精英，很多问题在会员中直接就可以找到专家级的人士予以解答。故而可以说，我所创立的社交平台也为我的投资工作起到了'保驾护航'的作用。同时，因平台已经建立了完善的自由交流体系，所以平台的其他成员也与我一样可以获得他人的专业帮助，也有许多人凭借此平台获得了比较好的工作机会，或者招聘到了合适的人才。

现在回头来看，当初我对自己'社交达人'的定位还是较为客观正确的，但是我认为我开展社交的方式也并不复杂——核心还是先为他人服务，然后在合适的时间点，或者说感知到他人对我的信任之后我再向其求助，并且我也会在受到他人的帮助之后找合适的时机'答谢'，以此让两者的关系进入良性循环。

以上基本就是我如何通过非正式场合的互动获取职业发展帮助的策略。最后还有一点需要提示的是：如果项目经理想通过社交获得资源，那任何一次非正式场合的社交活动都应是精心准备过的——'谁出席？''可能讨论什么话题？'都是事先策划好的，没有目的与准备的社交活动仅仅是单纯的闲话家常，除了能让人得到心理上的慰藉，实际价值就非常弱了。"

七、诱惑多变　谨防陷阱

开篇案例

　　Facebook 网站的创始人马克·扎克伯格和爱德华多·萨维林分家的过程堪称管理史上商业陷阱的经典案例。2004 年年末至 2005 年年初，马克·扎克伯格因反对合伙创始人、主要的资金提供方和融资人爱德华多·萨维林打算在 Facebook 网站刊登广告，以尽快回收前期投资成本的想法而与萨维林彻底决裂——因为马克并不急于将网站打造成赚钱的工具，而是想进一步培养忠实用户。

　　于是，手握财务大权的萨维林为了给马克以教训，就在公司处于高速扩张期时冻结了公司的银行账户，将 Facebook 网站的资金链给切断了。这件事使马克几近崩溃，也令他下了"甩掉萨维林"的决心。

　　在下了决心之后，扎克伯格首先通过另一位合伙人肖恩·帕克引荐，从投资人彼得·蒂尔那里筹集到 50 万美元的资金——这原本是萨维林的工作，但是马克已不再指望萨维林能够为公司带来什么，同时也希望自己有能力保证公司资金的正常运转。随后，扎克伯格对公司进行了重组，并在特拉华州重新注册了 Facebook 公司——他对萨维林的解释是"为了更好地筹集外部的资金"。萨维林没有怀疑，而且爽快地签署了协议。

　　到了 2014 年 10 月底，公司的股份进行了重新分配，扎克伯格的股份从 65% 降到了 51%，下降的这部分转给了合伙人肖恩·帕克和投资人彼得·蒂尔等人，萨维林的股份从 30% 增加到 34.4%。作为协议生效的交换条件，萨维林把公司的知识产权全部转交给了新的公司。但是萨维林没有注意到，自己的股份虽然上涨了，但是重签合同后他所持的股票全是"普通股"，这部分股票在发行新股之后会被优先稀释掉——当时，萨维林签订合同时以为是自己给的教训对马克来说起作用了，使得马克对自己做出了充满诚意的补偿。所以萨维林签署文件的时候，并没有让自己的律师审核，他想当然地认为公司的律师就是自己的律师，谁知却中了马克的圈套。

到了 2005 年 4 月，Facebook 公司再次融资，马克·扎克伯格批准增发 2400 万新股，萨维林在再次签署文件的时候才发现，自己的股份已经被稀释得仅剩 0.03%，而马克·扎克伯格、肖恩·帕克、彼得·蒂尔等人的股份却并未被稀释，这时他才意识到自己被扎克伯格摆了一道。恼羞成怒的萨维林不甘心失去这一切，最终与扎克伯格对簿公堂，法庭最终判给他 7% 的股份，但是之后他也不再在 Facebook 留有职务。

在商业环境中，陷阱并不少见，有针对企业的陷阱，也有针对重要管理者个人的陷阱，而项目经理在与他人接触的过程中有时也会因为利益冲突、政治平衡等原因而被设下陷阱。于是，谨慎防范就尤为重要。

项目经理可采用以下方法绕开或化解陷阱。

（1）寻找一些可以调动自身兴趣但又无须花费太多金钱的爱好，修身养性，以做到遇到金钱和美色诱惑时可以冷静思考，正确对待。

（2）项目经理对内、对外互动时都要慎重，讲话也需三思而后行。

（3）项目经理在执行重要任务时要发挥出反侦察能力，以免图谋不轨之人有机可乘。

（4）安心做事，以打造自身市场竞争力为职业发展要点，尽量不要让自己卷入办公室政治。

（5）当一个人有较高的行业地位时，他人即使想要攻击也必然会三思而后行，所以让自己在行业内有一定地位也能够避开一些陷阱。

第三章

成为核心

——在组织中塑造领导地位的五项原则

一、价值体现 始于建议

德意志铁路股份公司前董事会主席、空中客车公司前任高管哈特穆特·梅多恩曾是空中客车 150 座级飞机 A320 在市场争夺战中取得胜利的关键推手——因为空中客车公司是德国和法国两方团队共同组建的公司，所以两方对于新产品的开发往往会有许多分歧。20 世纪 70 年代末，在空客内部对开发什么样的新一代型号飞机是有激烈争论的。德国伙伴主张研发能取代波音 707 和 DC-8 的远程四发喷气客机，即中型客机。他们认为这是一个激动人心的目标，并提出了方案——彼时，德国汉莎航空公司已表示对此有兴趣。但是以空客创始人之一、总经理、技术巨擘罗杰·比特利为代表的法国伙伴却不认同德方的方案，至少认为当时时机尚不成熟。他们提出了单通道 150 座级的 A320 飞机方案——法国航空公司则对此方案更为赞同。虽为不同"派系"，但德国方面的高管哈特穆特·梅多恩是罗杰·比特利 A320 方案的坚定支持者。他认为，对于民用飞机领域，并不是飞机推出越早越好，最重要的还是推出的时间是否恰到好处，是否是市场所需求的。他预测，未来 20 年，150 座级飞机需求量是 2500 架，他们决心从这一巨大的蛋糕中切下属于自己的一块。故而，在梅多恩的建议与支持下，空客公司在 1979 年 7 月宣布 A320 客机方案。在 1981 年巴黎航展上，法国航空公司向空客订购了 25 架 A320。与此同时，美国达美航空公司和联合航空公司也表示对此有兴趣。空客决策层不失时机，果断出击，1983 年 12 月，单通道 150 座级 A320 计划正式启动。最终，A320 成了空中客车公司的主打产品——自 1988 年起，空客公司已交付了近 8000 架 A320 客机，仅次于波音 737 客机，已成为历史上销量第二的民用喷气式客机。"说客"梅多恩功不可没。

当然，能够为企业发展全面考虑并客观提出中肯建议的梅多恩本身也非常注重公司管理层与员工能够提出有价值的意见。他认为，无论是谁都对他所在的组织或公司负有责任。他必须了解情况，对全部课题进行总结。他的任务是将事实清晰地表达出来，并提出意见。

但是，梅多恩也曾提示：任何情况下都不可以将"合理的表达"与"口无遮拦"混同起来。特别是在团队项目中，让团队成员的情绪如脱缰野马般不受控制和将内心的不满公开表达出来，都是非常危险的。自以为是的公开言论不会对工作起到推动作用，反倒很容易干扰团队精神。合理地表达并不意味着每个人不分时间场合都可以这样去做，这样表达的只是当下的感受，后来只会变得乱七八糟，没有人再愿意倾听其他人。一切与"合理地表达"相对立的状况都会出现。所以，提出建议时也要注意回避未经深思熟虑的表达，因为这些举止态度对企业和团队都是不利的。

项目经理的职业目标往往是获取更高的管理岗位，以及获得更好的市场资源。但需要明白的是，职场如同市场，一切都是几乎等价的交换，期望索取的越多，自身能够付出的也应该越多，想要更好的职位，就应该能够为企业带来更多的价值；想要得到更好的市场资源，自身就要成为一个资源。当然，万事开头难，我们只能从最最基础的做起，而这一切的基础在于我们如何通过个人综合表现在组织中取得较好的信任度，以慢慢担当起重任，进而才能在未来发展成为强大的资源体。

但想要在组织中有一席之地，除了杰出的工作表现外，如何能够为组织的发展、壮大做出实质性贡献也很重要。项目经理的职责从管项目开始，所以在自己组内率先实践具有先进性、示范性的工作模式是第一步，而在这之后，项目经理就要考虑如何将自己小组的发展经验推广到全公司范围内了。不能单单指望公司里的人主动来看、来学，因为一个企业内，其他的部门负责人、项目经理也都非常忙，或许根本无法关注到你这一组的活动，所以项目经理就要主动向企业提出建议，由企业再传达给各部门进行贯彻，从而达到整体进步的目的，项目经理对组织发展的价值也就能更好地发挥出来了。

但是，向组织提建议，说什么？怎么说？必须得弄清楚。不能说得没内容，不能说得没指导性。以下是几项大的原则，项目经理在向组织提建议时可以参考。

（1）不要只发现问题而不说解决方法。诚然，一家企业的问题有许多，需要有人去看、去梳理，但是身为项目经理需要时刻记得我们是为领导解决问题的人，所以不能只是坐在椅子上挑三拣四，而要踏踏实实地基于自身在工作岗位上的思考找出企业所面临的现实问题并找到相应的解决方法。

（2）产品与服务的质量优化建议是最直接最有用的建议。因为对于企业而言，产品与服务是直接参与市场竞争的部分——而品牌、营销、管理、企业文化、战略思路等都是必要但却间接的部分，所以项目经理在提意见的时候可以首先考虑产品与服务相关的优化升级建议，从一线收集市场反馈和生产、服务过程反馈，通过自身的专业能力为其想好优化方案，并向上级报告。一般而言，针对产品与服务的建议得到落实的概率也较大，有利于项目经理在企业中高效积累个人业绩。

（3）为企业提出管理方面的合理建议是项目经理取得更高职位的关键环节，但提此类建议时需要三思而后行。项目经理应在自身的项目上充分训练好管理技术，并全面探索企业管理方法优化的可行路径，在自身的项目组、部门进行一定测试并收到令人满意的效果后再行向上级提出，切不可操之过急。

（4）尽量不要在会上公开提出与更高级别领导意见相左的建议，可以在会上就该领导的建议展开讨论，但是将完全反对的意见放在会后与其单独讨论。这样不仅显示了尊重，而且也容易得到该领导的好感，建议的相关优质内容也更易于被该领导采纳，在提出建议的同时也可使个人获得更多的认可与支持。

从项目经理与组织之间相互关系的角度来看，项目经理的职业发展应该是依从"听从组织"到"带领组织"的路径，但此过程的顺利推进需要项目经理与组织的深度配合。项目经理有责任将有深度的职场感悟和切实的企业发展建议分享给组织——这些也是项目经理在运用组织资源建立项目组并获得个人成长之后理应回馈给组织的。而项目经理也将会因正确的建议而得到组织内更多的支持，进而更好地实现个人价值。

本节的最后，将由来自某知名生产型企业的一位善于向组织提出意见，并由此进入高级管理者岗位的项目经理庞先生为我们讲述他的成长故事。

"我从刚毕业进入公司开始就是一个乐于找公司内部问题的人，一方面可能是因为我在机械工程和生产工艺管理方面有一定专业特长，喜欢发现这方面的问题；另一方面也是因为我性格上的原因，不想看到错误的延续。但因为我是一个'胆小'的人，所以最初的几年我找出来的问题都是默默地记下来，从不会对任何人说起，直到后来公司有了意见箱，我才开始匿名向管理层提出工艺流程优化和设备升级改造的相关意见。

大概进入公司 5 年后，我所在的工艺部上级部门生产技术部来了新的主管——一位在生产型企业拥有 20 年一线管理经验，同时也是我的校友，令我深感信任的老领导。所以，自那时起我才开始直接向上级领导提出我对生产优化的相关建议。他通常是耐心听取，并且会对合理且能够有条件执行的意见付诸实践，令我非常满足。但此外，这位领导也提醒了我提出意见时小心谨慎的必要性——因为有问题存在的时候必然是有人的工作做得不到位，如果直接将问题诉诸领导或是公之于众，肯定会对某些人造成影响，极有可能还会触动某些群体的利益，那样会加重自身的危险性。所以，这么多年来，我向他人提出整改问题之前都会事先研判对这个人或其他相关人员的影响，并且通常都会采用与主要责任人私下讨论的方式，以为主要负责人或他的下属留下调整的机会和缓冲的空间。毕竟我只想公司能够更好地发展，生产工作能够更高效地执行，而不想要害他人失去工作或让自己成为办公室政治斗争的工具。

也许是因为我人缘好的缘故，现在我已经进入了集团下属子公司的高层管理岗位。但我仍旧保持亲临一线，持续发现问题，解决问题的工作方式。同时，我也会鼓励员工勇敢地向我提出生产环节优化的相关建议；同样地，我也会提示他们找出问题、提出建议时要谨慎判断对他人的影响。不过这些年来，我也看到过一些年轻人不听长者的劝诫，一味表现自我的行事风格——这些人往往会因为口无遮拦，说了没有周全考虑的话，或是触犯到其他上级而在原本充满希望的职业道路上过早地'夭折'。我也面试过一些来自大型企业、知名企业的年轻人，谈及离职原因往往是不满上级不重视他们的意见，并且还在尚未充分了解产业的情况下高度怀疑上级的能力。这些心态在我看来，都是不应该的。作为为企业服务的职业人士，核心目的必然是能够帮助企业带来更高的生产效率，并提升产品、服务质量，降低出错率，不是为了表现自己而提出建议，那样就是本末倒置。须知欲速则不达。

最后，如果要我为'如何合理地提出建议'给出总结性的建议，我想主要就是两点：首先，就是要沉下心来运用好专业知识来发现问题，无论是企业目前已出现的问题，还是企业发展方案中潜藏的问题，如果不是通过深度的思考并在专业知识之上去看问题，那发现问题的同时势必无法给出建议，那样只是在给自己、给他人'找麻烦'；然后，提出建议的方法一定要得当，要尽量回避和他人正面冲突的方式，本着以'提升工作效率为中心'的心态，择善而行，与大家一同进步。"

二、各方满意　视为己任

开篇案例

我曾在经典服务管理培训教材，由莱昂那多·因基莱里和迈卡·所罗门合著的《超预期》中读到美国大型连锁汽车零配件销售集团"CARQUEST" 2007 年发布的服务标准，印象极为深刻。

其主要内容包括：

（1）我们的座右铭：出色的队友自豪地服务运动的世界。

（2）我们的目标：提供独一无二的客户服务、创新、队友机遇和行业领导。

（3）我们的承诺：激情追求卓越。

（4）我们的卓越服务标准：

1）提供独一无二的服务是我个人的目标，也是我们团队的目标。

2）我永远展示我的真诚来赢得和维持客户的信任。

3）我有责任保持店面、设施、工作场所和车辆的清洁。我的仪表、言谈举止体现着品牌的卓越。

4）当我发现问题时，我勇于承担，直到问题解决。我有责任确保客户满意并维护他们的忠诚。

5）我建立的良好客户关系会带来终生的客户。

6）我乐于接受各种各样的队友和客户并与他们和睦相处。

7）我会踏出我的职责范围，总是热心帮助我的队友为客户服务。

8）我总是以我坚强的性格和正直的品性维护和提升公司的声誉。

9）我总是彬彬有礼，尊重客户和队友。

10）我喜欢我的工作。我会以饱满的热情、愉快的心情和认真的态度为客户带来愉悦的体验。

11）我有责任保护队友和客户的安全。在我的服务范围内，我自己会注意安全、负起责任。

12）我接受过培训、熟悉业务，能为客户提供卓越服务。

13）我做事迅速、可靠且反应灵敏。我准时完成任务，敬业又专业。我的表现超出客户的期望。

14）我是一名领导，我率先垂范，在工作上和团队中以身作则。我不折不扣地奉行公司的价值理念。

于我而言，该服务标准完美地诠释了员工与企业和客户应有的合作关系，以及每位员工该如何让各方都满意的方法、策略。其精妙之处在于虽未提及服务的细节，但是将服务本身可以带来的感官体验和效果予以说明，引导客户对服务有合理预期，也引导公司内部成员对其他成员的表现有了合理预期。关键是，在此准则框架下，基本上人人都可以达到合格甚至优秀，且所有利益相关方也都会因此而满意。虽然行业有千差万别，但是管理者与员工期望的工作氛围和所有利益相关方期望被接纳的方式又何尝不是像这些文字描述的那般简单却又真实。故我认为此准则的设计者以极为精妙的方式很好地完成了这项工作，真正做到了令所有人满意。

让所有人满意，无论在生活中还是职场中，都是社会人的最高追求——当然，多数人往往不知道要从何下手才能慢慢接近这个目标。而我认为关键在于两点，一是尽力而为，二是预期管理。

人们通常喜欢看到做事尽心尽力的人，一方面是喜欢这种靠得住的感觉；另一方面，尽力之下，任务的成功率就会大大提高。所以无论做什么项目，做到哪个环节，项目经理都不可忘记要尽力而为。

之后，来说说让所有人满意的核心软技术——预期管理。人满意与否是心理上主观的感受，所以其并非是绝对值，而是取决于预期结果与实际结果的差距。如果预期结果高于实际结果那就是不满意，两者相等就是没有不满意，实际结果高于预期结果就是满意。所以，只要管理好各方对于项目的预期，项目经理在尽力而为的辅助下就能最大限度地达到"令所有人满意"的结果。

整体而言，预期管理的技术有以下几点核心。

（1）对项目极为了解，知道难度在哪里。项目经理拿到项目时务必要仔细、全面地对其进行分析，依据知识和经验将项目的内容、各模块技术难度、整体可完成性做好合理评估。此外，项目经理尽量不要承揽与自身能力差距过大的项目，若高估自己而后承担了无法完成的任务，最后又以失败告终，那势必无法令人满意。

（2）对自身和团队的能力极限需非常清楚。在客观评估好项目的基础上，项目经理也要非常清楚自身和团队的能力极限，以及在调用外部资源情况下的大团队能力极限，合理估计里程碑任务完成所需的时间、成本，以及预计完成的质量。此处的要点是要以自身和团队的实际能力为评估对象，市场平均能力仅能用作参考。虽说项目经理理应让团队能力达到市场平均值或以上水平，但是考虑到要令各方满意的现实，项目经理还是要从自身及团队角度出发去评估任务的可完成情况，并向组织内部做出合理解释，以为调整各方预期值打好基础。

（3）指导各方建立合理的项目业绩预期。项目组的利益相关方对于项目的预期包括时间预期、质量预期、成本预期、市场销售额预期、各方反馈预期等，项目经理就是要在项目分析和自身能力分析的基础上，指导各方针对项目基于团队能力做出合理预期。在此指导过程中，项目经理需要通过充分说明、情景模拟等方法向各利益相关方说明合理的预期值应该设在何处——通常是在团队发挥出一般水平可达到的区间之上，但是在团队发挥出极限水平可达到的区间之下。这样一方面可以给予团队合理的激励，另一方面也有一定的可能性让各方获得满意的感觉。同时，项目经理还需在里程碑事件或项目整体完成前借由测试对完成后的质量、效果、市场价值、社会价值等进行评估，如完成情况、接近理想值的程度有变，需及时召开会议，调整各方预期，以在成果交付时可以令各方有心理准备，使满意度仍可达到适中的区间。

从实际情况来看，项目经理在刚入行时是难以做到让所有人满意的，一般会在有一定工作经验时才可以做到。但建议在刚入职场时就要向着这个方向努力，因为让越多人满意，就能让越多的人支持你。

本节的最后，将由非常善于令人满意的某房地产开发公司总经理雷先生来讲述一下他的成长经验——30 年来，雷先生凭借较好的专业能力和对外沟通能力，在协调难度较大的建筑材料采购工作上发挥了极为重要且令人依赖的作用，直至临近退休的现在他依然是公司极为重用的项目负责人。以下是他的经验之谈。

"从财务岗位到采购岗位，可以说面对的是组织内诱惑最多且也是最容易出错的工作内容，但是 30 年来，我几乎没有出过问题，或者说我的工作总体而言是令相关方满意的。并且在后期总管项目公司时，我也比较容易拿出令各方都能够满意的合作方式。我想，这些都是我所坚持的工作原则，或者说相对于组织和其他利益相关方而言的'服务原则'的功劳——简要地说，我的原则主要包括以下三点。

第一，对组织、对上级要绝对负责。因为组织、上级出于信任将重要任务委托给我，从小处说，我不能也不想辜负上级的信任；从大处说我希望能够为公司的后辈和自己的儿女做出榜样，让他们学到正确的职业态度。据我多年的经验，只要工作态度是认真负责的，通常不会犯下严重的、不可饶恕的错误——所以我认为上级的满意度不需刻意迎合，工作做到位了自然就好了。

第二，对合作方要信守承诺。以采购工作为例，如果合作供应商要拿出比较低的定价，势必看中的是我方未来更多的订购量，但是这些预期订购量在当下往往不能够通过合同予以约束，而仅仅是采购负责人或是管理者的一句承诺，所以这时采购负责人或是管理者的信用就极为重要了。但是一旦供应商相信采购负责人并开出较低的定价，且未来采购负责人也可以如约给出更多的订单，那就能够达成令两家公司都满意的合作局面——以此类推，很多时候项目负责人的'信用'都是在局势尚不明朗时各方对合作表示出满意的重要支点，也可以说是撬动各方资源的一个杠杆。

第三，要让员工对公司建立合理预期。即在员工刚入职公司和接手新任务前就对其进行'预期教育'，以使其能够用平和的心态面对工作。在我看来，员工的预期教育是最需要花心思的，不仅需要老员工以自身的案例对新员工进行教学，也需要管理者对新员工顺利达到KPI 考核标准后的晋升可能性做出承诺。经过完善的教学和培训，与公司发展理念契合的员工就能向着既定的方向一直努力下去，同时理念不契合的员工也会在最初的一至两个月发现自己不适合这个组织进而主动选择离开——如果要让组织中的员工满意，首先就要确保组织和员工的需求相契合。

总结来说，我认为要最大限度地让各方满意，首先就是要懂自己所做的行当，做好手头的事情，如果事情做不好，让他人满意无从谈起；其次就是要信守承诺，说到做到，无论是对领导、对员工，还是对合作方，都不要开'空头支票'，因为希望落空比本就不抱有希望更具有打击性；再次，就是为那些对行业或任务还不了解的人进行知识教育和'预期教育'。谨记，让任务的完成概率变高就能够让参与者的满意度变高。"

三、善于谈判　笼络资源

开篇案例

浙江奥康集团和意大利 GEOX 公司的合作可谓是谈判学的经典案例。不仅是奥康集团充分运用了多项有价值的谈判技巧，更值得学习的是其对 GEOX 资源到位的评估及撬动的策略。

彼时，浙江奥康集团是国内知名鞋业生产企业，而 GEXO 公司是意大利排名第一的鞋企、世界鞋业巨头之一，其正将目光对准了中国，意图在中国建立一个亚洲最大的生产基地。经过一段时间的实地考察，他将目标锁定在中国奥康集团等六家企业，而当时奥康集团正有"出海"的打算，他们充分评估了 GEXO 的背景、意图之后，觉得有机会借 GEXO 公司的全球网络走向全球，所以精心策划了一轮谈判——奥康集团为迎接 GEXO 公司的到来，进行了周密的准备和策划。首先，了解了对手公司的情况，包括对手的资信情况、经营状况、市场地位、此行目的，以及谈判对手个人的一些情况。其次，为了使谈判对手有宾至如归的感觉，奥康集团专门成立了以总裁为首的接待班子，拟订周密的接待方案。结果使得谈判对手"一直很满意"，为谈判最终获得成功奠定了基础。

在最终谈判日，奥康集团在上海黄浦江上包下豪华游轮，宴请谈判对手GEXO的相关代表，借游船赏月品茗的美好氛围消除利益冲突引发的对抗，希望通过营造良好的氛围来催化谈判的成功。但GEXO公司也是有备而来，他们拟订了长达几十页的协议文本，每一条都相当苛刻，为了达成合作，双方都进行了让步。但在两件事上出现了重大分歧，一是对担保银行的确认上，奥康集团一方提出以中国银行为担保银行，对方不同意，经过权衡，双方本着利益均衡的原则，最后以香港某银行为担保行达成协议。另一件事是双方关于以哪国法律解决日后争端的问题，此问题使谈判一度陷入破裂边缘。GEXO公司提出必须以意大利法律为准绳，可因奥康集团董事长王振滔对意大利法律一无所知，故该方案遭到了奥康集团方面的坚决反对。王振滔提议用中国法律，也因GEXO公司对中国法律一窍不通而遭到了其坚决反对。眼看所做的努力将前功尽弃，最后还是双方各让了一步，以第三国英国的法律为解决争端的法律依据而达成一致意见。两家企业随即签订合作协议，开始了长达五年的紧密合作。

数年后，王振滔表示："我们的品牌形象、管理和技术水平，通过这次合作都有了很大提高。" 与GEXO公司后，奥康皮鞋的质量和工艺又上了一个档次。此外，由于GEOX公司的领头羊效应，别的国际品牌也跟着在奥康集团下了订单，奥康集团外贸OEM订单快速增长。可见，此番合作对于中国企业奥康而言，带来的不仅是稀缺资源，更有撬动更多资源的"杠杆"。

项目经理的职场地位和其资源调动能力密切相关。一是因为其自身能够唤起的市场资源决定了企业有多大的可能性在重要业务岗位上用他；二是因为项目经理的企业内部、外部资源调动能力可以令其使项目更高效地完成，进而在企业中能获得更多的认同和更好的发展——在此也需强调一下，属于自身的资源并不仅是认识、有联络就可以的，而是需要对方愿意帮助你，并且在未来也将会有求于你的扎实的商务互动关系。

一般情况下，项目经理需要硬技能、软技能的配合来获取更多的资源——硬技能的成长，即专业技术的成长能够让企业内、行业内更多的人看到并重视你，进而可以让更多人愿意让资源为你所用；而软技能则可以通过优化硬技能的成果并通过其他自我、沟通方面的修饰来获取更多信任，进而调动更多的资源。不过，在这系统性的工作中，在一切基础都已打好之上，有一方面软技能将会发挥极为关键的作用，那便是"谈判能力"。

谈判是项目沟通管理领域最为重要的职场技能，它的使用价值是让项目经理可以借由此手段获得合理的资源和支持，进而让项目最大限度地接近于理想中的成功状态。项目经理身为企业、项目、市场中的一个重要"节点"，具有天然的浸润于资源之中的状态，所以学会怎样去有效调动资源，将能够使项目经理非常快速地实现职业理想。而学会有效调动资源的谈判技能不是一蹴而就的，且每个人的适用风格和技巧都是不同的，需要项目经理不断地在谈判实战中训练、测试、总结，寻找到最适合自己的方式。这其中涉及两方面的主要能力，一是鉴别资源的能力，二就是谈判技巧。

根据当前实际的职场内的普遍看法，资源一般分为员工"与生俱来"的资源，企业内部资源，外部企业资源和其他自然人资源。其中员工"与生俱来"的资源指的是那些家庭背景较好的员工因与其父母辈天然的联系而具备的资源；企业内部资源指企业内的上级、专家，以及其他部门的关键人物，与这些人保持良好互动将有助于项目经理更好地开展对内协调工作；外部企业资源指通过合作关系、业务关系而建立往来的各类企业，这些外部企业往往是企业能够顺利完成项目的外部力量，也是企业对外宣传、说明自身等级和实力的良好证明材料；当然，外部资源不仅有已经签署合作关系的公司，也有项目经理通过互帮互助等手段获得的具有稳定往来关系的重要人士，虽然有时是和企业合作，但往往也是关键人物在其中发挥作用，所以找到目标组织、团体中的关键人物，即那个在组织里面提出要求能够得到他人重视的人，并与其建立紧密合作关系，就是获取资源的行为。当然，此人不一定是要身在某组织内部，只要是对该组织有影响力的人，就是对项目经理而言有力的资源。

但项目经理要怎样衡量自身拥有的资源量是否已经"达标"或符合行业需求了？事实上，资源就像滚雪球，拥有优质资源的人或企业会黏在一起、相互照应、互为资源，所以当项目经理要寻找一种身在资源圈的感觉，即找到一种获取资源不太费力的感觉。当项目经理找到这种感觉时，意味着项目经理自身已经成了较好的"资源体"，从另一个侧面也反映了项目经理本身的专业实力已到了行业平均水准以上的级别。

至于谈判，对于项目经理而言，谈判的目的有争取权利、拿下业务、促成合作等，但实际上这些任务的谈判技巧和目的都是趋于雷同的。因为争取权利是获得更多资源调动权的前提条件；业务合作后，客户会转化为对外宣传的筹码；而任何方面的直接合作则都是直白的资源获取方式。所以，这些目的的本质都是与更多的资源、更大的资源调动能力和更高的职场地位有关的。而其中涉及的谈判对象通常也是职业人士，虽然专业不一定相同，但具有较为一致的系统性思维，所以操作策略往往是要素大致相同，但权重稍有差别。所以，综合来看，以下几项在各类谈判中有一定共性的基本原则是项目经理需要在谈判的实战训练中铭记于心的。

（1）谈判时需要带着"筹码"，这些筹码有项目的方案，自己所在公司的品牌与实力，自身的专业能力，以及自身可以调动的资源，等等。并且要非常清楚自身的筹码在此业务中与对方的相关性，以及是否能够引起对方的重视。在资源方面，需要事先评价好自身可调动的资源是否对其具有不可替代的意义，如果是用金钱可以买到的资源，那自身是否有更合适的价格就成了关键。

（2）尊重对方的诉求和探索多方共赢模式是大前提，不可只站在自身的立场说话，要设身处地地站到对方的角度去考虑事情，尤其是对方在利益方面的真实需求。

（3）谈判时要顺着对方情绪、情感的节奏调整自身语言的节奏，以情感共鸣和引导性语言的适时切入增强对方对你的观点和条件的认可度。

（4）在经历谈判流程时要巧用"信任链"，即如果你无法直接获得一个目标谈判对象的快速认同，就让与此人或该企业关系极好的中间人引荐你，借由他人给目标谈判对象带去的信任感使其打消对你的防范心理。

（5）大谈判必须正式会面，而不能通过视频会议或是电话会议，这一方面是对谈判对象尊重的一种体现；另一方面，面对面时人的情绪、情感、气场都能够更好地发挥作用，有助于项目经理全面地影响谈判对象。

综上，识别资源，并通过谈判获取资源，再凭借已有资源更大范围内地取得合作和资源是整个体系运转的基本逻辑。但这过程中，项目经理自身的基础是关键，也是"原点"，项目经理一定要在自身能力方面打好基础，让自己成为不可或缺的资源，这样才会在对外谈判时获得更高的成功概率。

本节的最后，来自某上市公司投融资部门的孟先生将基于他的工作经验为我们介绍他的优质资源获取技巧和谈判策略，以及资源的积累对其职业发展带来的帮助。

"在我看来，各类资源不仅是实现公司业务发展的重要基础，也是对我本身而言最为重要的职业筹码。故多年以来，我一直在思考如何快速找到资源、有效积累资源的方法，现阶段我遵循的范式主要由三个环节构成，分别是：积累潜在资源；锁定优质资源；调用资源。

（1）积累潜在资源是指通过某些途径与目标资源建立联系，或是让自己进入相关资源圈层，进而充分保证在需要时有大量资源可供选择。以融资工作为例，其所需要的资源就是持有可投资资金的单位或个人，包括银行、保险、政府基金、合格投资者，以及其他有投资需要的金融机构，等等。这些资源都是我乐于积累的，且不论他们是否对我们公司的项目感兴趣与否，或是资金成本对我们而言是否过高了，我都会将他们负责人的联系方式记录下来，并在平日通过节日问候或是优质信息的分享来保持一定互动。这些资源的接触方式通常是业内朋友介绍，也有通过一些活动结识而来，当然，通过互联网手段也可以找到一些，比如通过'专业群'添加或是借由社交网络结识。在这个环节，接触的潜在资源还不能算是真正的资源，因为他们和我仅仅是认识，并没有建立互信关系。并且因为没有业务洽谈和合作的往来，潜在资源方的实际情况我也是不了解的，故而我不会随意将这些潜在资源向单位领导或是其他合作伙伴展示，以免因资源和项目严重不匹配而影响各方对我专业性的评价。

（2）锁定优质资源是实现资源高效管理的关键一环，也是项目经理行业专业能力和信息分析能力的综合体现。因为锁定优质资源之前的资源评估工作一方面与专业相关，另一方面就是与资源提供方提供信息的真实性有关。项目经理自身专业性不强自然无法辨别资源是否具有稀缺性，资源方所开出的条件是否合理；而如果不具备良好的信息分析能力，那就会被虚假的信息蒙蔽双眼，在无结果的交流上浪费过多的时间。举例来说，我们都知道金融行业中有各类资管服务机构，比如信托、券商资管、基金子公司、私募基金等，在实际的投融资业务中这些机构一般都是担当'通道'的角色，即通过在市场中找到项目，然后包装成金融产品再而向市场融资，从中赚取管理费的机构。因为它们不是直接用表内资金投资于我们的项目，所以这些资管机构融资能力的强弱就决定了他们对于我方的价值。但是这些单位中的有些项目经理为了能够从我们这些实业公司顺利获取业务，往往在和我们接触的时候会夸大自己单位的融资能力，并且也会毫无顾忌地对时间紧的重要任务'打包票'。于是这时我首先会从专业角度出发，基于最新政策了解该公司的客户情况的变化及基于新政的应对策略，确保他们当前有客户基础消化我们的融资需求并且不会以不合规的方式去融资；然后我会通过其他途径了解该公司近期其他产品的募资情况，基于真实的市场信息来预测他们推销我方产品的成功概率。如果深入了解后结果是令我满意，我就会将其纳入优质资源之列。

（3）调用资源是项目经理实现资源服务于企业的重要一环，主要工作内容是从优质资源中通过比较和商谈，选择与我方要求最为匹配的资源实现合作。此过程中，项目经理的谈判能力将发挥重要的作用。举例来说，此前我们在浙江绍兴市有一个项目需要找银行提供贷款，因为想降低融资成本，所以我们首先找了一家总部位于北京的大型股份制银行对接此项业务。按流程来看，我们的项目要经由市分行向省分行汇报，然后省分行再上报到北京总行。起先，因为我们对项目质地较为自信，所以我们是按常规流程推进项目，但是我们发现绍兴市分行给我们的反馈周期非常之长，甚至项目上报一个月后也未给我方反馈，询问当地分行业务负责人，他们的回答永远是"项目是好项目，问题不大！"可因为那时已经临近开工节点，我方面临着极大的时间压力，于是我们就调整了谈判策略。我们首先和该股份制银行北京总行的相关领导建立了联系，就这个项目展开讨论，探讨此项目顺利通过评审会的可能性，在了解到这个项目他们银行还需要深度讨论之时，我们马上启动了另一家银行的对接，并且这次采用先对接总行部门，然后再到绍兴分行'走流程'的模式上报项目。同时，在与第二家银行对接时，我们在双方商谈的过程中向其告知已经有一家大型股份制银行流程已走到总行，以此来加剧他们的紧迫感。之后，第二家银行很快就为我们批下了这笔贷款。从中你可以看到，优质潜在资源的储备和高效调用优质资源的谈判能力是项目经理正式完成资源对接、发挥资源价值的两项必要条件，而这两者都需要项目经理持续地学习和积累经验才能做好。

最后，我也想提示一下：资源是项目经理宝贵的职业财富，所以项目经理在每一笔业务完成之后切不可与资源方代表断了联系，而需要长期维护，进一步发展友谊。因为基于此前的项目合作，双方彼此间都已有了基本的信任，对对方的专业能力也有了一定认可，未来实现合作的可能性也会比较大，即使不在原先的工作岗位上，也可以互帮互助，推进项目。此外，优质的资源方往往身边有很多优质的资源，项目经理可以借由与资源方良好的关系慢慢渗透进优质资源集中度高的'圈子'，这样，资源就能够稳定持续地增长了。"

四、政治永存　谨慎应对

开篇案例

在外界看来，"麦当劳之父"雷·克罗克是一位极为擅长办公室政治技术的企业家——虽然他在自传《麦当劳之父的创业冒险》中表示自己"根本不是当政治家的料"，但是他也在书中记下了别人确实曾经向他表达"去竞选美国总统"的意见。

雷·克罗克的"政治家"能力突出表现在与麦当劳兄弟的决裂过程上。众所周知，麦当劳两兄弟是第一家麦当劳汉堡店的创立者，同时也是高效快餐生产流水线的发明者，堪称运营管理界的天才。雷·克罗克因为看中了麦当劳兄弟的专利和品牌，于 1954 年正式与麦当劳兄弟签订了特许经营代理协议，代理全美国范围内的麦当劳特许经营快餐店的合作。但值得注意的是，虽然从签订合同之初，迪克·麦当劳与麦克·麦当劳就以品牌合伙人的身份享有全美麦当劳特许经营管理费利润的分红，但是在雷的代理公司内并未占有股份。而后，雷·克罗克于 1960 年正式注册成立了麦当劳公司并申请了"McDonald's"商标的使用权。随后，在 1961 年，雷·克罗克以 270 万美元收购麦当劳兄弟的 10 家餐厅，标示着麦当劳兄弟正式从麦当劳体系中"出局"。我们现在很难准确地说出雷·克罗克究竟是在和麦当劳兄弟签订合同之初就打定了要决裂的主意，还是在经营过程中碰到了种种合作难题才萌生了这个念头，但是他这么做确实对自己及自己的事业而言是最优的选择。并且雷·克罗克基于自己的成功，他也可以顺理成章地将麦当劳兄弟描绘成目光短浅、不思进取的傻瓜以获得员工和公众的支持——从他的自传中可以看出，他也正是这么做的。

雷·克罗克曾在自传中写道："在我为公司所做的规划中，最重要的一项就是结束我们和麦当劳兄弟的关系。这样做有一部分是个人原因：麦克和迪克那套生意把戏开始让我心烦了。比如说，我把他们引荐给我的好友，纸制品供应商卢·铂尔曼后，他们也开始从那里购买所需的全部纸制品。他们常到芝加哥来拜访卢，让他开车带着去察看麦当劳在该地的所有餐馆。卢一一照办，但是他们就是不到公司总部来，甚至电话都不打，他们的行踪和谈话还是卢事后告诉我的。然而，我要与麦当劳兄弟分道扬镳，主要原因是他们拒绝修改协议条款，阻碍了我们的发展。他们把不合作归咎于他们的率真，那个律师确实一直和我针锋相对。但是不管什么原因，我都要摆脱他们对我的控制。"——约翰·李·汉考克在其 2017 年上映的电影《大创业家》(The Funder) 中将外界的评价与另一部分事实汇总而成，从不同于雷·克洛克自传的另一方面展示了麦当劳之父的政治能力，包括他是怎样以利润作为筹码来获取民心并利用控制麦当劳兄弟店面所在地土地的手段逼迫麦当劳兄弟"出局"，又是怎样以打"空头支票"的方式让麦当劳兄弟彻底放弃"麦当劳"品牌版权费等政治技术。当然，雷·克洛克也从不否认与麦当劳兄弟根深蒂固的矛盾，他在自传中也直截了当地表达了"对麦当劳兄弟毫无怜悯宽恕之心"。此外，雷·克罗克在 20 世纪 60 年代和公司第三位合伙人、财务大臣哈里·索恩本从内部决裂到分道扬镳的过程也表现了他对于办公室政治隐性的推崇及深谙此道。

可能从道德准则来看，很多人会认为雷·克罗克的做法不够义气，对麦当劳兄弟没有谨遵"一日为师终身为父"的传统。但从企业管理的角度来看，为了企业能够最大限度地发挥价值、调动资源，有时排除异己也是必要之举。对于员工而言，如何把握政治斗争的趋势，使自身能够保持良好的发展，也是一项关键的软技能。

办公室政治是一个令很多人无法接受但又确实存在的职场现象。一般而言，人数越多、部门越复杂的单位，"办公室政治"的生命力就越强。

英国的一位办公室政治研究人员大卫·班克洛夫特-特纳根据政治智慧的高低和对组织的认同度将职场人士分为 4 种办公室政治角色（见图 3-1）。这 4 种角色分别是：猫头鹰型——情商极高，有同情心，懂得别人的感情、诉求、期望和志向，积极促使自己的目标与公司的目标达成一致，并总是努力促成双赢、多赢的结果；狐狸型——懂得隐藏自己真实的想法，知道如何利用人际关系达到目的，在企业内的主要目标是完成自己的计划，不管它是否会影响他人目标的实现；绵羊型——在工作中处事真诚，对于他人愿意施以援手，但是对于如何运用人际关系获得有价值的信息和帮助一窍不通；驴型——较为固执，对他人缺乏耐心，通常是为了自己的个人目标而展开工作，不愿意为了公司更好地发展而改变自己，更喜欢找出事情的漏洞，却很少能拿出切实的解决方案。这其中，"猫头鹰型"对企业而言自然是最有价值的角色，也是每一个项目经理都应该敦促自己努力的方向。

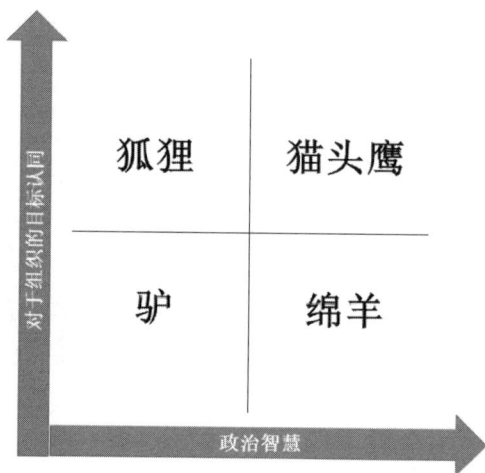

图 3-1　4 种办公室政治角色

五、带动文化　学习为上

开篇案例

　　埃森哲公司是国际大型咨询公司，在全球技术咨询界享有盛誉。当前，埃森哲在全球 120 多个国家开设有 200 多家分公司，员工总数超过 25 万人。几乎全部的《财富》全球 100 强企业都是该公司的客户，500

强企业中有超过四分之三都是其客户。

因为坚持为客户提供最优质的服务一直是埃森哲的口号。所以埃森哲从早期开始就一直坚持聘用最优秀的员工，并尽可能地为员工提供最好的培训。为了确保和进一步提高员工的学习质量，埃森哲在美国伊利诺伊州圣查尔斯、英国伦敦及马来西亚吉隆坡设有学习中心，提供最前沿的培训课程。

但是，单纯的培训还不能满足埃森哲对于员工素质的要求。所以他们开始启用"让学生自己找出正确答案"的培养模式。新模式以学员为中心，让学员自己选择要利用哪些学习资源，掌握哪些知识、技巧和工具，以帮助他们获得成功。过去的讲师现在变成了教练、导师及引导者。培训中心的指导方式从"灌输供应"式转变为"需求拉动"式。埃森哲也自然而然地转变成了一个真正的学习型组织。

在此基础上，埃森哲顺利地推行了以目标为导向的情景学习模式——该模式以模拟任务为基础来帮助参与者确定他们所需的技能和他们为什么需要这些技能，他们有可能碰到的问题和他们什么时候会碰到问题，以及这些问题的最有效方法和采用这些方法的原因。教和学始终在需求明确的情况下或作为一个更大任务的一部分而产生。情景学习提供了一个激励框架，它促进个人技能提升和知识获取，并使学员能够理解如何用它们来解决业务问题，从而让知识和学习与实际工作的关联更为紧密。

在日新月异的商业环境下，为了能够使项目走向成功，项目经理需要不断学习，扎实掌握新知识，并第一时间培训团队成员进行"知识升级"，从而才能群策群力令项目可以在迅速变幻的市场格局下占据有利位置，充分保持前沿性和竞争力。而这过程中的关键的环节就是让项目组中的每个人都保持学习的动力和能力，所以，项目经理就要努力将项目组打造成一个学习型组织。根据金融机构、律师事务所、咨询公司等知识密集型产业打造学习型组织的实践经验，以下是项目经理在打造学习型组织时可以采用的一些方法。

（1）找到在主观方面最能够触发组员自身学习动力的方法，可时刻提示组员这是自身在职场中快速提升竞争力并树立行业权威性的最便捷方法。

（2）为组员设置一些里程碑式的任务节点，比如要求全组每周进行一次前沿信息交流或深度探讨，或是组织组员一同参与注册会计师考试，通过这些强制性目标，敦促组员学习并夯实相关基础知识。

（3）寻找行业内的专家老师为组员进行深度培训，力求每个组员都能针对本行业建立完善的知识体系。

（4）设立一个有关领域内专业知识传播的公众号，敦促组员每周撰写原创文章或进行内容更新，并将自己撰写的文章与项目组内其他成员分享。

（5）经常性地带领组员参与行业协会活动或其他相关活动，或自身单位作为发起方组织活动，吸引业内人士加入，以促进组员与外界专业人士充分交流。

实践证明，学习型组织也是较为吸引优秀年轻员工的一种组织形态，将学习型组织打造完善，可以提升招聘、试用效率——因为完整的学习型组织往往会有许多优秀的文章作品公布，进而可以被外界所看到、所了解，而后应聘者在面试时也容易被各级别领导的专业能力所打动，很容易产生加入组织的兴趣。当然，因为组织传递出的信息足够完整，所以也能够帮助应聘者依据自身实际情况做出客观判断，进而最大限度地避免了入职后的心理落差，使得人才和组织都能够节约互相测试的时间成本。

本节的最后，将由来自某信托公司的事业部总监应先生来讲述一下他是如何基于学习型组织的打造来发展项目，在众多从事资产管理业务的竞争者中脱颖而出的。

"我认为，在金融行业，学习是永远都应占一席之地的工作内容。因为这个行业离钱太近，而且以管钱为主要工作，所以如果不学好最新的政策知识、行业知识，一是无法很好地服务于投资方，二是会加重自身的违规风险。所以我会组织团队成员对我们业务涉及的领域内的专业知识做深度学习，并且持续跟踪国家最新经济、金融政策，做好解读工作。整体而言，我们打造学习型组织的工作内容主要有以下四点。

第一，学习的内容一定要前沿、全面。我们学习的内容不仅是与行业有关的教材、标准，还有各管理部门官方网站发布的政策，以及新闻报道、证券公司的研究报告等材料。比如我们部门主要是做基础设施项目融资的，那就要对不同类型基础设施项目的项目标准和全国各地区项目推进情况，最新政策，投融资形式，热门新闻，以及相关企业施工资质要求、验收要求等都有全面的了解。

第二，实战内容的学习和理论知识的学习各占一半。我不希望我们学习的知识是脱离实际的，所以一般都会要求以工作的需求为出发点，或积累专业知识，或积累谈资。总之，大家学习的内容是能够促进项目经理高效推进工作的。同时，我也要求大家不仅要记录下对工作有用的理论知识，更要善于总结工作实践中的要点，将这些知识与他人重点分享。

第三，组织内交流常态化。学习之后的交流是极为必要的，这一方面可以纠正个人在学习过程中对某些知识的错误理解，另一方面可以通过交谈快速补充个人尚未涉及的知识，所以我们会将每周五的下午定为交流时段——因为这个时间点大家通常都没有对外会议，一般都是做针对一周的总结性的工作，前台工作人员也都会从全国各地出差回来。因为周末即将到来，所以大家的精神状态也会比较放松，这时对'课外'知识的获取欲望和吸收能力就会比较好，同时也会有更好的创造性来将知识关联于工作。

第四，及时解答合作方的疑问。收集项目方和资金方有关专业领域和政策方面的问题，并做内部讨论，形成规范的文字稿予以解答。对于某些问及次数较多的问题，我们就会将解答稿件以公众号文章的形式发布。

在植入以上'学习型'的工作内容之后，随着我们自身专业度的提升，有越来越多行业内的非合作者会找到我们，与我们探讨许多专业的问题——其实我们打造学习型组织最初的核心目的只是想优化自身的团队，并不是想着要成为行业内的专业问题解答者，但是这个结果是我们团队都愿意看见的。现在我们有了更多的盟友，也有更多的项目方愿意找我们为其解决融资问题，我想这些都是知识带来的链接与信任。"

［注：根据 2018 年中国人民银行、中国银行保险监督管理委员会、中国证券监督管理委员会、国家外汇管理局联合发布《关于规范金融机构资产管理业务的指导意见》的相关描述：资产管理业务是指银行、信托、证券、基金、期货、保险资产管理机构、金融资产投资公司等金融机构接受投资者委托，对受托的投资者财产进行投资和管理的金融服务。］

第四章

突破瓶颈

——带领项目组走向成功的八般武艺

一、十大领域　融会贯通

开篇案例

曾任职 IBM 中国运营战略首席顾问的白立新博士，根据 IBM 的领导力模型（2004 版）总结了"IBM 总经理的 10 项修炼"。内容包括以下几方面。

（1）直接服务于客户，比如担任某行业的大客户经理。成就客户是 IBM 的三个核心价值观之一，也是 IBM 的立足之本；在成为总经理以前，IBM 经理人必须有丰富的直接服务于客户的经历，而且有足够的事实来证明其能够快速地与客户建立信任关系，并且这种关系可以持续若干年。

（2）非正式授权下主持工作，比如担任某大型项目的负责人。IBM 实行矩阵式管理，而且是大矩阵套小矩阵，在这种管理模式下，直接隶属关系很少，更多的情况是协调多地域、多部门、多领域的智力资源，组成一个临时的项目组或者工作组。在非正式授权的情况下，锻炼和考验的是经理人的影响力和感召力。

（3）开创性工作，比如负责拓展西北地区的某类软件业务。在一项新业务的初创时期，经理人需要打破原有的组织边界、原有的思维模式，组建新的业务团队并制定策略和流程，而且要在资源不齐备、决策路径模糊的情况下，快速建立客户关系，谋求业绩的突破性成长。

（4）财务管理及损益责任，比如负责某类软件产品在全国的业务。借此培养经理人的财务敏感度，熟悉公司的财务管理体系，熟悉产品及服务的成本结构，以实现有盈利的增长。

（5）在国际环境下工作，比如观察和支持总部区域总部或者全球总部人员的工作，使经理人更全面地理解 IBM 的价值观，体会关键的做事原则，同时建立广泛的人脉资源，并拓展视野，提升全局意识。

（6）方向转型，责任扩大，比如所负责的业务范围从浙江省扩展到华东地区。无论是业务方向的调整，还是业务范围的扩大，都要求经理人快速适应新的环境，快速进入最佳工作状态，所以锻炼的是经理人的快速适应能力。

（7）跨职能管理多种业务，比如从华东地区技术支持转到负责全国的软件业务，从多地域、多产品两个维度拓宽经理人的视野和业务经验。

（8）人员管理，比如直接负责属下20位同事的学习、发展、升迁。这是 IBM 经理人的基本功，只擅长做业务而不会带领团队的经理人是很难得到升迁的。对于高级经理人而言，管理者培养管理者更是个人业绩承诺的重要组成部分。

（9）高风险决策和高压力工作，比如紧急处理关键客户危机，以锻炼经理人的判断力和定力。特别是在经理人不熟悉的领域或者文化氛围中，应对合作伙伴或者客户的挑战，是促使经理人突破原有思维定式的极佳机会。

（10）从失败中学习，比如核心业务受挫之后快速调整状态继续战斗。干部都是在挫折中成长起来的；历经波折而且越战越勇，这是经理人对于公司所支付的高昂"学费"的最好回报。

以上十点内容，除了对经理人专业和市场拓展能力的要求外，主要是对职业经理人的利益相关方管理、项目综合管理、项目成本管理、项目人力资源管理、项目风险管理、项目沟通管理等方面能力的要求。由此可见，大型企业虽然不是照本宣科地根据项目管理十大知识领域来设计自身的工作准则，但是在各项工作要求中也会适时地将项目管理十大知识领域的内容融入进去。所以，扎实掌握项目管理十大领域知识，对

> 于职业经理人而言不仅能够在推进各类项目工作中借由通用的范式快速找到工作要点，同时也能在不同的项目环境下对各合作团队的工作方式做到迅速掌握。

　　不同行业、不同专业职能下，项目管理的内容必然不同。但是撇开行业专业来看，项目管理所涉及的内容却又有着一定的相似性——比如，几乎所有的项目都涉及时间、成本的客观约束；同时任何非个人可以完成的项目也都涉及人事协调工作；此外，对于大多数较有经验的项目经理来说，启动项目之前及项目执行的过程中也都会做好对项目风险的评估与防范工作，诸如此类。从管理技术的角度来看，国际项目管理协会与美国项目管理协会已针对各行业、各类型项目进行了深入的理论研究与实践总结，建立了具有通用性的工作指导意见，即项目管理的十大知识领域。借此范式，项目经理无论身在任何项目中都能够快速抓住工作重点，并在合理的工作分解之下找到合适的负责人全面推进项目的管理工作。

　　当然，因为项目管理十大知识领域只是通用管理技术，而非定制化的行业项目管理问题解决"套餐"，故而大部分非管理学出身的项目经理从《项目管理知识体系指南》（ *a Guide to* the *Project Management Body of Knowledge*，《PMBOK®指南》）等工具书、教科书中还是无法合理获取有专属性的知识并关联于自身所在的行业、工作，以至于还是以传统的经验管理方法去管理项目，仅对十大知识领域有个模糊的印象。为提升读者对项目管理十大知识领域的灵活运用程度，此处将针对十个知识领域，以更为系统、简单的方式说明它们在项目中如何发挥作用，进而帮助读者对这些知识软化吸收、融会贯通，以应对眼前千变万化的项目管理需求。

　　（1）项目过程是基础。依据国际项目管理协会和（美国）项目管理协会的总结，一般情况下，项目都依据启动、规划、执行、监控、收尾的过程实施，用国内的通用说法进行"翻译"，就是：①立项；②策划并完成可行性研究方案；③落地执行；④在实施过程中进行管控；⑤完成并验收。无论是传统的建设项目、生产项目，还是依据市场环境快速迭代的设计项目、营销项目、投资项目、IT 项目基本都是依据此流程执行的，这也是项目管理的最基础概念——项目经理甚至不需要对"项目是什么""项目经理是什么"等概念了解得过于细致，但必须对项目的过程烂熟于胸，因为这是真正指导项目"怎么做"的基础理论。此外，因本节内容是基于此项目过程而写，所以也要求项目经理首先需要对此做到极为熟悉，以便于将项目管理十大领域的知识快速对接到项目的各个环节。

（2）时间、质量、成本是核心。在 PMBOK 等教材中，项目时间管理、成本管理、质量管理通常都写在项目整合管理和项目范围管理之后，但是从心理过程上和工作流程上，时间、质量、成本必然是项目经理最先想到、接触到的信息，这也是企业决定是否对项目立项的基本评价条件——若企业处于供应商的角色，在评估自身综合实力不足以按时、保质保量完成项目并获得合适的利润时，自然不会接此订单，也不会对此项目进行立项；针对企业自主设立的项目，如研发、管理流程优化，以及营销等方面的项目，企业自然会在先期评估好时间和成本，以及期望达到的效果，即完成质量等论证之后如觉得合适才会立项，不合适便会将此计划搁置。所以时间、质量、成本是决定项目是否启动的关键。

在项目进入规划阶段的时候，在明确了质量标准的情况下，时间、成本是主要的约束条件——比如"关键路径法"就是基于每个工作环节的时长来操作的，而成本直接关系到企业的留存利润有多少，所以自然也是重要的。在项目进入执行阶段时，按时、按成本并保质保量完成任务就是最主要的考核要求——在监控环节也是对这几个方面的达标程度进行评价，并对超时、超成本、质量不达标的情况及时提出整改要求。在项目收尾的验收时，若项目未达到既定的质量要求，或出现了工期拖延、成本超标等问题，那项目的执行单位需要承担一定责任。由此可见，时间、成本、质量是伴随项目全生命周期的核心评价要素。项目经理要时刻铭记并依据此处介绍的规则去运用这 3 个维度管理好项目。

（3）采购管理是直接决定成本的重要工作。十大知识领域中的项目采购管理是项目中决定成本的关键工作，简单地说，这项管理工作全权负责管理人的价格、物的价格，以及其他生产资料的价格——无论是建设类、生产类，还是服务类、投融资类的项目成本基本上是由各项生产资料的采购价格组成的。当然，相对人力资源成本、实物成本的简洁明了而言，不同项目，其资源采购成本的呈现方式或许有些许不同，如在投融资类的项目中，项目经理是向资金方融资去投资股票或其他非标准化项目等标的，其产出物并非是实物，而是更多的钱，所以严格地说，此处被采购的股票、项目及资金方的钱，都是项目经理的"生产资料"，都可列入采购管理的管理范畴，而资金方的钱采购成本的计价方式便是"利息"——此处，"利息"也可看作资金使用的服务费。当然，如果企业实施非投融资类的项目时，使用的不是自有资金实施项目，而是使用通过外部融资获得的资金，则该融资行为也可定义为"以一定服务费采购资金服务"的采购工作。综上，项目中的所有成本都是通过采购行为最终确定的，所以在项目组内，采购团队是极为核心的部分，不单是采购经理本身需要参与此项工作，负责主要对外联络工作的项目经理，以及控制成本的项目财务组成员也都需要参与其中。

（4）了解风险就能知道项目或有成本是多少。通常情况下，项目超时、超成本对项目经理业绩考核而言都是极为不利的。如不存在日常管理不善的情况，那风险就是导致项目时长、成本超预期的主要原因。通常有些许经验的项目经理面对对其而言有"重复性"特征的项目时，往往能够预计到在一般情况下项目完成所需的时间和成本，却很难把握项目风险发生时的时间和成本增加额。但是经验丰富的项目经理因为"吃过许多亏"，所以不仅可以计算好一般情况下的项目时长、成本，对于风险发生时的成本和工时增加量也会更为了解，相应地，在做预算时也能够储备更为充裕的风险准备金。所以项目经理在执行项目管理工作时，最好寻找些许在此类项目上工作经验较为丰富的专家向其咨询或有风险和应对成本，以情景模拟的形式推演针对自身项目而言发生这些风险的概率，以提前安排好备用资金，在风险发生后可以尽快做到有策略地提高单位工时及补充相应生产资料，使项目在规定的时间内完成。

（5）人力资源管理决定沟通管理效率、效力。项目管理十大知识领域中的项目人力资源管理和沟通管理工作与一般管理岗位上的职责要求差别不大，此外在本书的第二、三章中也介绍了人力资源管理和沟通的相关软技能。整体而言，找到好的人就可以减低沟通成本，提升沟通的精确度，最大限度地消除信息不对称。所以如果人力资源结合软技能、硬技能做好了，沟通管理就自然可以更高效地完成了。

（6）职场中项目干系人管理能力决定项目经理的个人发展。项目干系人管理，即俗称的项目利益相关方管理，该知识领域是 2012—2013 年被两大项目管理协会正式纳入项目管理知识体系的——从那时起，项目管理的知识体系就从原先经典的"九大领域"升格为了"十大领域"。事实上，"利益相关方"在管理学中已经是一个耳熟能详的经典概念，是每一个管理者在工作时都需要铭记于心的思考要点，其被纳入项目管理的知识体系也属必然。对项目经理而言，利益相关方是与项目成果发生直接关系的老百姓，或是员工、公司股东、大客户等，也包括自己。如前文所说，做项目不仅是为了完成任务，更重要的是通过项目的完成让利益相关方满意，而在大家满意之时，项目经理自身的职业发展也会获得更多的支持。所以将项目相关方的需求谨记于心，并将其作为准绳去实施项目，有利于项目经理获得更多的发展机会。

（7）项目范围管理是项目工作的细化技术。以上所述种种工作在最后都需要细化为可被执行的小模块，而项目范围管理就是定义各个大模块究竟包含了哪几项子模块，以及子模块又包含了哪几项"孙模块"，所以项目范围管理在项目规划阶段扮演了极为重要的角色。项目经理要做好项目范围管理，一是谨遵两大协会的工具手册，细致规划每一项工作的内容；二是借鉴自身或专家的经验，做到"去伪存真"，让项目在执行过程中涵盖的工作是全面且必要的，不要刻板地去做过多无意义的工作。

此外，项目管理十大知识领域中的"项目整合管理"在此处就不进行展开了——因为此部分是对项目经理综合管理能力、素质的要求，没有过多实质性的内容，故而没有相应的软技能需要补充。另外需要提示的是，读者在掌握了以上全部知识领域的硬技能和软技能关键点后需要结合自身所处的行业进行各模块内容的重塑工作，除了时间、成本、人力资源、沟通等较为通行的管理要素外，采购工作的范围，风险的发生方式和应对方式，质量是按既有国标来衡量还是以特定群体的满意度来衡量等，都需要根据实际项目类型进行重新设定。

本节的最后，将由毕业于国内某知名院校项目管理专业，现就职于某大型互联网公司担任项目经理岗位的祁先生讲述其使用项目管理十大领域知识的技巧与经验——选择祁先生来做此部分分享，还有一个原因是他曾于 2013 年就已通过了国际项目管理协会的认证考试，获得"认证的国际项目经理"（IPMA Level C）资质，所以他的硬技能和软技能已经由知识和经验获得过全面的训练，由他来分享，我想是极为合适的。下面，就来看看祁先生是如何进行他的项目管理工作的。

"在我看来，项目管理工作的高效执行，少不了项目管理工具的掌握与应用。项目管理十大知识领域是基础，但是也要结合行业特点采用专属于行业本身的管理范式来执行具体工作。

比如在互联网领域，我们的项目管理工作遵循'敏捷软件开发宣言'，即'个体和互动高于流程和工具；工作的软件高于详尽的文档；客户合作高于合同谈判；响应变化高于遵循计划'。其具体包含以下十二项原则：①我们最重要的目标，是通过持续不断地及早交付有价值的软件使客户满意；②欣然面对需求变化，即使在开发后期也一样，为了客户的竞争优势，敏捷过程掌控变化；③经常地交付可工作的软件，相隔几星期或一两个月，倾向于采取较短的周期；④业务人员和开发人员必须相互合作，项目中的每一天都不例外；⑤激发个体的斗志，以他们为核心搭建项目，提供所需的环境和支援，辅以信任，从而达成目标；⑥不论团队内外，传递信息效果最好效率也最高的方式是面对面的交谈；⑦可工作的软件是进度的首要度量标准；⑧敏捷过程倡导可持续开发，责任人、开发人员和用户要能够共同维持其步调稳定延续；⑨坚持不懈地追求技术卓越和良好设计，敏捷能力由此增强；⑩以简洁为本，它是极力减少不必要工作量的艺术；⑪最好的架构、需求和设计出自自组织团队；⑫团队定期地反思如何能提高成效，并依此调整自身的举止表现。

从项目管理的专业角度来看，'敏捷软件开发宣言'将项目管理十大领域进行了因地制宜的重塑，同时也非常好地契合了软件开发领域的工作要求。首先，'敏捷软件开发宣言'将时间管理、质量管理两个核心领域的目标进行了重新定义，即前者以生产出符合市场需求的软件为目标，采用高频迭代与短周期开发的方式，快速完成项目以获得市场的反馈；后者以客户需求为中心，将软件质量的评价权交给了客户，如果对客户而言是不能体现竞争优势或不可用的，那就是项目质量不达标。当然，'敏捷软件开发宣言'最为核心的内容还是对于范围管理和沟通管理在 IT 专业领域的细化，其将软件开发所涉及的工作目标、工作内容、工作关联人都进行了完善梳理，让软件开发项目人员可以基于这些原则全面地安排好工作，并防止疏漏。同时，'敏捷软件开发宣言'基于行业实际情况给出了具有极强借鉴价值的沟通建议，包括业务人员和开发人员必须相互合作，传递信息效果最好效率也最高的方式是面对面的交谈，责任人、开发人员和用户要能够共同维持步调稳定延续等。此外，在成本管理方面，因'敏捷软件开发宣言'提倡高效和极力减少不必要的工作量，所以在一定程度上也可以为项目节约开发成本。

从实际操作层面来看，'敏捷软件开发宣言'因其具有很好的目标导向、高效导向、客户需求导向和要求沟通全面等特征，并基于软件开发行业实际情况重新定义了工作标准，故而很好地解决了软件开发服务领域因需求变化频繁而导致的前期论证与事后验证无标准化依据，且工作量较难预估等问题。若此时公司能够再结合 ERP 系统对项目需求、项目文档进行分享并同步项目进度，软件工程师就能够在自己'圈内公认'的工作模式下以较好的状态和符合公司考核要求的方式完成项目任务。

我相信每一个行业都有自己的'开发宣言'，只要项目经理用对专业深刻地理解去解读，再结合项目管理领域的工具来解构并执行具体内容，就一定能够很好地去应对项目运作过程中的管理问题。"

二、管理工具　得心应手

开篇案例

　　詹姆斯·麦肯锡的《预算控制》一书被誉为预算会计的开山之作，该书将会计作为一种整体性和综合性的企业管理辅助机制，也就是总体调查提纲，这是麦肯锡首创的一种咨询工具。在此基础上，马文·鲍尔在重新建立麦肯锡咨询公司之初就提出要拥有一套共同的解决问题的方式，能够迅速切中要害，提出有见地、有力量的解决方案。为了使公司所有的个人和小组都能够以一致的方式为客户提供服务，马文大力推行各种标准流程和政策，并为咨询顾问提供相关培训。马文把各种政策称为"指南"。同时，马文指出：尽管每个工作成果所包含的内容千差万别，但是给客户的所有书面的东西，无论是书信、报告还是备忘录，无论是谁，外观都应该是一样的。至于麦肯锡的最终工作成果，即在客户企业所提出的建议，应该是能够成功地执行和可量化的积极成果。

　　在此思想的指导下，马文带领团队设计了许多咨询服务框架，比如在 20 世纪 40 年代初，马文提出要向 CEO 提供最好的服务，就必须以高层的心态来看待关键性的外部因素，同时在企业内部深入发掘那些通常情况下高层管理者无法获知的信息。这样一来，咨询顾问就可以找准重点针对的问题，并且主次分明地解决问题。于是，马文在 1941 年期间的培训会上便以如下框架指导员工："采取高层方式需要考虑外部因素，如行业趋势和竞争地位等。如果我们想解决重大管理问题从而建立起专家声誉，就必须能够分辨和评估各种经济、社会乃至政治趋势的影响。所以说，采用'高层方式'有以下几个基本特点：①在下决心解决具体问题之前，首先要对整体情况进行诊断；②要由我们来决定解决问题的先后顺序，要努力说服客户让我们按照轻重缓急来做事情；③在解决问题的过程中，我们要采用综合的方式，并且要认识到外部因素在内部问题的解决方案中往往相当重要，以及很少有问题能在企业或政府的某一单个部门内得到解决。"

　　虽然前期的指导框架较为粗略，且需要依靠员工主观判断来补充的内容较多，但到了麦肯锡的成熟期，马文的所提出的策略模型就更为基础与具体了。比如，马文曾带领团队于 20 世纪 50 年代末接手荷兰皇家壳牌集团的咨询业务时为其设计了一个"矩阵式"的组织结构——当今广为流传的"项目公司"制的矩阵式结构。虽然对于现在的项目经理而言，矩阵式结构已不再陌生，但是在当年可谓是一个创举。壳牌公司将此架构沿用至今，IBM、飞利浦、雀巢等各大企业也相继效仿。在 1983年世界大企业联合会上，一份题为"调整组织架构，提升国际竞争力：矩阵设计"的报告中，将壳牌集团的组织架构视为成功的典范，并对其评价道：该集团的组织结构建立在由各国运营单元组成的分散联盟的基础上，依靠管理体系和强劲的集团文化紧密连接在一起，从而创造出了世界上最成功的一家商业机构。

　　而今，麦肯锡公司和整个管理咨询界或许已经创造了上百个管理模型——这也要归功于麦肯锡、马文等人最初的经营理念。经过时代检验，已经有无数的案例可以证明，当代管理者如若能够运用好管理工具对企业进行管理，对于企业的高效运作而言将会起到正向、积极的作用。不过，"用好"不等于滥用，针对不同类型的任务，各管理环节，选择合适管理工具的能力，对于项目经理而言极为关键。

　　一名能力完整的项目管理者不仅要在项目管理的技术方面做到扎实掌握，在一般管理技术方面也要全面了解并运用自如——因为项目经理的职业发展目标不仅是管理更重要的项目，还有公司内行政职务的升迁，所以需要充分做好管理技术与知识的积累工作。

从实践角度看，管理工具的掌握是硬技能，但是如何达到融会贯通、自如使用就少不了软技能的配合，如依据不同管理场景的工具选用，以及在使用管理工具时对工具内每个模块内容的分析、总结，都是项目经理需要充分加入软技能及相应思维方式予以全面完成的工作。

同时，我认为掌握并运用管理工具有一个重要原则，那就是用对自己而言最好记的工具，并且每个管理模块掌握一到两种管理工具即可——因为在管理实践中，管理工具的使用目的不在于"炫技"，而在于准确、高效地解决管理问题。此处，我以全面覆盖每一个管理环节的原则为项目经理们精选了一些比较常用的管理工具，也是相较而言能够最快达到管理目的的工具，我将对这些工具的内容及与日常工作的关联方式和所运用到的软技能进行讲解，以帮助项目经理可以很快地将其落地使用。

（1）对新市场进行考察时的分析工具。如果是销售或是投资类的项目，需要经过项目经理先期充分的调研，对市场进行全面的了解之后管理层才能够对这个项目的立项与否做出合理判断。所以，项目经理需要掌握一些知识框架以做到对某一市场的全面、细致的解析，进而可以给予管理层一份足以做出客观决策的参考报告。经实践，我们普遍认为以下两项工具的通用性较好，且能够帮助项目经理迅速抓住市场要点，让未曾前往市场考察的管理层对该市场全貌也能全面了解。它们分别是"PEST"模型，以及与之搭配的"波特钻石理论"模型。

PEST 模型，是分析商业环境的基本工具，它通过政治（Politics）、经济（Economic）、社会（Society）和技术（Technology）4 个方面的情况综合评价某一市场的宏观环境，以及该市场是否有合适的条件让项目顺利落地。其中"政治"通常指地方政治局面的稳定性，地方政府的一般信用，以及地方政府对于特定类型项目的支持力度——除军事类项目外，通常要选择政局稳定、可预期，地方政府信用度较高，且对项目支持力度大的地区进行投资或业务开拓；"经济"一般指地方市场经济的发展程度和地方财政收入情况，前者直接关系到项目的盈利情况，而后者不仅是地区产业发达程度的象征，也决定着一个地区的基础设施和公共服务的提供情况，而基础设施和公共服务直接决定着人民的生活满意度和人口的稳定，所以地方政府财政收入在某种程度上也会影响项目的稳定发展；"社会"通常指地方人民的物质、文化生活的基本情况，项目不仅需要实现市场价值也需要实现社会价值，项目在先期定位时需要明确自身的综合运营模式、盈利模式和社会服务属性，所以了解地方的社会情况有助于衡量项目与地方需求的匹配度；"技术"指一个地区是否有与项目匹配的技术人才资源和可得的产业资源，如果项目不能就近获得这些技术资源将需要从其他地区调配资源至项目地以保证项目的顺利实施。

波特钻石理论模型是由美国哈佛商学院著名的战略管理学家迈克尔·波特提出的。其最初是用于分析一个国家某种产业为什么会在国际上有较强的竞争力——波特认为，决定一个国家某种产业竞争力有四个因素：①生产要素——包括人力资源、天然资源、知识资源、资本资源、基础设施；②需求条件——主要是本国市场的需求；③相关产业和支持产业的表现——这些产业和相关上游产业是否有国际竞争力；④企业的战略、结构，以及竞争对手的表现。这 4 个要素具有双向作用，形成钻石体系。此外，在四大要素之外还存在两大变数：政府与机会——机会是无法控制的，政府政策的影响是不可漠视的。而今，我们将波特钻石理论模型（见图 4-1）用于产业投资类项目的前期分析——因为其内容聚焦于执行层面的重要影响因素，可以帮助项目经理在前期调研时全面评价项目顺利实施的可能性，更注重微观分析，所以此模型也与 PEST 模型形成了互补。

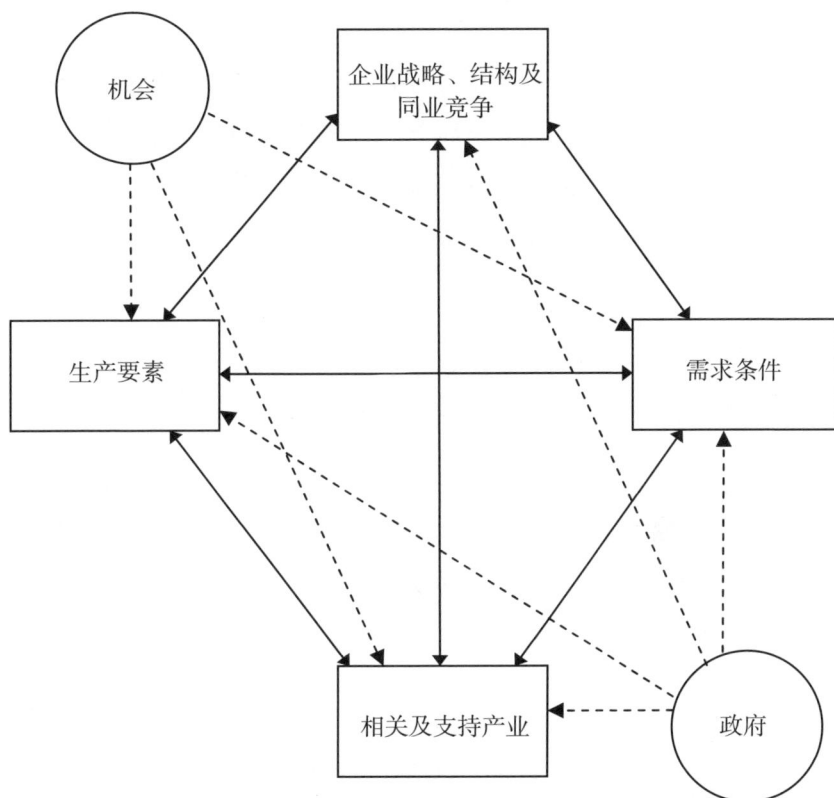

图 4-1　波特钻石理论模型

（2）项目参与市场竞争时的分析模型。许多产品、服务及相应研发类的项目在执行前往往需要考虑到市场内其他产品的竞争，有的竞争者来自组织外部，有的竞争者则来自公司内部。所以，项目经理要及时分析项目的处境，准备好策略，以应对来自各方的竞争——整体而言，SWOT 模型和波特五力模型是分析市场竞争情况时比较全面且逻辑性较好的模型。

SWOT 模型或许是大部分人最先接触的管理学模型，但令人意外的是，其也是当今市场上最容易用错的模型——主要错法是把 SWOT 当成 PEST 来操作，即仅将其当作框架而未正确采用其精妙的分析逻辑——首先需明确，SWOT 这 4 个英文字母分别代表优势（Strength）、劣势（Weakness）、机会（Opportunity）、威胁（Threat）。顾名思义，"S""W"是内部因素，"O""T"是外部因素。既使如此，那一定少不了内外部的交互，所以合理的 SWOT 分析模式应如表 4-1 所示，即基于 SWOT 四象限模型去探索：如何用优势去博机会？如何在机会的促进下去克服劣势？如何用优势去战胜威胁？在无法找到优势去战胜威胁的情况下怎样回避正面对抗？从表 4-1 中还可以看出，SWOT 模型的分析过程是极为严谨、科学的——在回答上述问题之前，项目经理首先需要对优势、劣势、机会、威胁进行详尽罗列，而后才是为寻找合理的答案进行重组。所以，SWOT 模型能够精确测试出管理者个人素质和思维能力。因为在 SWOT 的分析任务之下，管理者需要根据关键词严谨全面地思考并精确表达出内容，而后需要依据任务要求进行重组，甚至是需要发挥出创造的能力来寻找最合理的方式，所以很多人仅仅把优势、劣势、机会、威胁进行罗列就当成了 SWOT 分析，那是大错特错的。

表 4-1　SWOT 分析框架

	优势（Strengths）	劣势（Weaknesses）
	1. 2. 3. 4.	1. 2. 3. 4.
机会（Opportunities） 1. 2. 3. 4.	在机会中发挥优势的对策： 1. 2. 3. 4.	用机会带来的益处克服劣势的对策： 1. 2. 3. 4.

续表

威胁（Threats）	用优势规避威胁的对策：	尽力让劣势最小化并躲避威胁的对策：
1. 2. 3. 4.	1. 2. 3. 4.	1. 2. 3. 4.

相比 SWOT 而言，波特五力模型是一种更为具象的项目市场竞争情况分析工具，其确定了竞争的五种主要来源，即供应商和购买者的讨价还价能力，潜在进入者的威胁，替代品的威胁，以及来自在同一行业的公司间的竞争，其具体模式如图 4-2 所示。波特五力模型极为准确地概括了直接参与市场竞争的产品、服务类项目的竞争规律，同时它也是针对一个产业盈利能力和吸引力的全面分析的工具，即它在分析了微观层面单个项目或企业的竞争局面之外也能够进一步看出该产业中的企业平均具有的盈利空间，其兼具了宏观与微观的分析功能。在此框架的辅助下，项目经理可以非常高效地找到竞争压力来自何处，可以基于供方、买方、潜在进入者和替代品的情况快速构建出"机会"和"威胁"的主要内容，也可以根据现有竞争者情况对比出自身"优势"和"劣势"，进而结合 SWOT 模型找到合适的应对竞争的方法。

此外，项目经理在应对竞争时可采用波特竞争的三大一般性战略，即总成本领先战略——尽最大努力降低成本，以通过低成本降低商品价格，维持竞争优势；差异化战略——使产品或服务别具一格，或功能多，或款式新，或更加美观，借由这种"与众不同"来吸引客户；集中化战略——专注于攻克某个特定的客户群，某产品系列的一个细分区段，或某一个地区市场。以找到该产品或服务的"专属"业务空间。

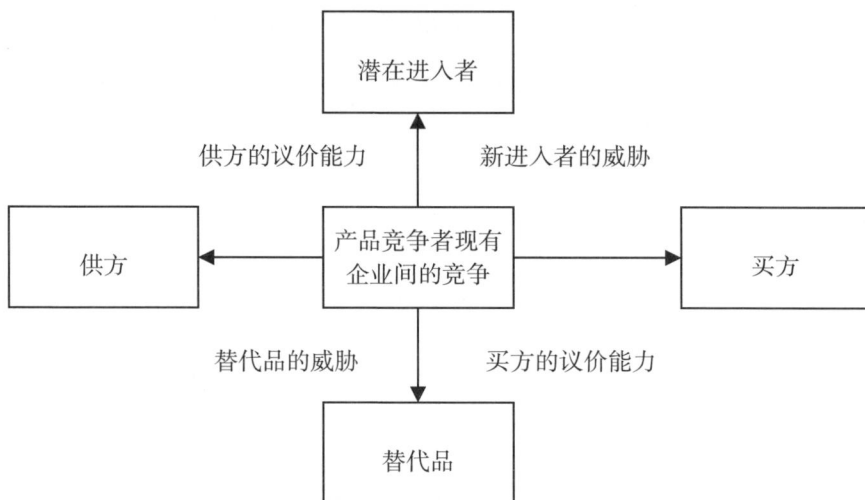

图 4-2 波特五力模型

（3）运用于项目执行阶段管理工作的模型。项目在执行过程中面临着时间、质量、成本方面的管理与控制工作，也面临着项目管理范畴下其他知识领域的相关工作，以及与项目所属特定领域相关的其他管理工作。项目经理若能掌握各个工作模块的通用模型，将会有利于在纷繁的工作内容中剔除噪声，明晰思路，进而推进工作高效开展。此处将推荐较为实用的一些管理工具，以供项目经理研习与参考。

1）SMART 模型——工作目标设定模型。项目经理在目标制定时可以参考 SMART 原则，即目标必须是具体的（Specific）；目标必须是可以衡量的（Measurable）；目标必须是可以达到的（Attainable）；目标必须和其他目标具有相关性（Relevant）；目标必须具有明确的截止期限（Time-based）。此模型的全面性已得到实践检验，所以无论是制定团队的工作目标还是员工的绩效目标都可以按照上述原则设定。

2）PDCA 循环模型——质量管理的经典工具。理论上讲 PDCA 循环是能使任何一项活动有效进行的一种合乎逻辑的工作程序，但是在实践中往往用于项目质量管理的相关工作。PDCA 分别代表：计划（Plan）——包括方针和目标的确定，以及活动计划的制订；执行（DO）——就是具体运作，实现计划中的内容；检查（Check）——就是要总结执行计划的结果，分清哪些对了，哪些错了，明确效果，找出问题；调整（Action）——对总结检查的结果进行处理，对成功的经验加以肯定，并予以标准化，或制定作业指导书，便于以后工作时遵循；对于失败的教训也要总结，以免重现。对于没有解决的问题，可以留给下一个 PDCA 循环中去解决。

3）BCG 矩阵——产品线管理模型。BCG 矩阵（BCG Matrix），即波士顿矩阵，又称市场增长率—相对市场份额矩阵，是由美国著名的管理学家、波士顿咨询公司创始人布鲁斯·亨德森于 1970 年首创的一种用来分析和规划企业产品组合的方法。该方法将市场占有率和销售额增长率作为评价维度，通过四象限法将产品的现状进行定义，并配以模块化的改进策略进行调整，其具体呈现方式如图 4-3 所示。从图中可见，落在 4 个象限的产品从优到次分别为：

明星产品（Stars）——它是指处于高销售额增长率、高市场占有率象限内的产品群。这类产品可能成为企业的现金牛产品，需要加大投资以支持其迅速发展，采用的发展战略是积极扩大经济规模和市场机会，以长远利益为目标，提高市场占有率，加强竞争地位；

现金牛产品（Cash Cow）——它是指处于低销售额增长率、高市场占有率象限内的产品群。此类产品已进入成熟期，财务特点是销售量大，产品利润率高，可以为企业提供资金，而且由于销售额增长率低，也无须增大投资。

问题产品（Question Marks）——它是处于高销售额增长率、低市场占有率象限内的产品群。销售额增长率高说明市场机会大，前景好，而后者则说明在市场营销上存在问题，例如在产品生命周期中处于引进期、因种种原因未能开拓市场局面的新产品即属此类问题的产品，对问题产品应采取选择性投资战略。

瘦狗产品（Dogs）——它是处在低增长率、低市场占有率象限内的产品群，其财务特点是利润率低、处于保本或亏损状态，无法为企业带来收益。对这类产品应采用撤退战略，首先应减少生产量，而后逐渐撤退，对那些销售增长率和市场占有率均极低的产品应立即淘汰；其次，将剩余资源向其他产品转移，对于不立即淘汰的瘦狗产品，最好将它们与其他产品线合并，统一管理。因为 BCG 矩阵主要通过市场反馈定义产品的位置，所以针对服务类的项目群此模型也依然适用。

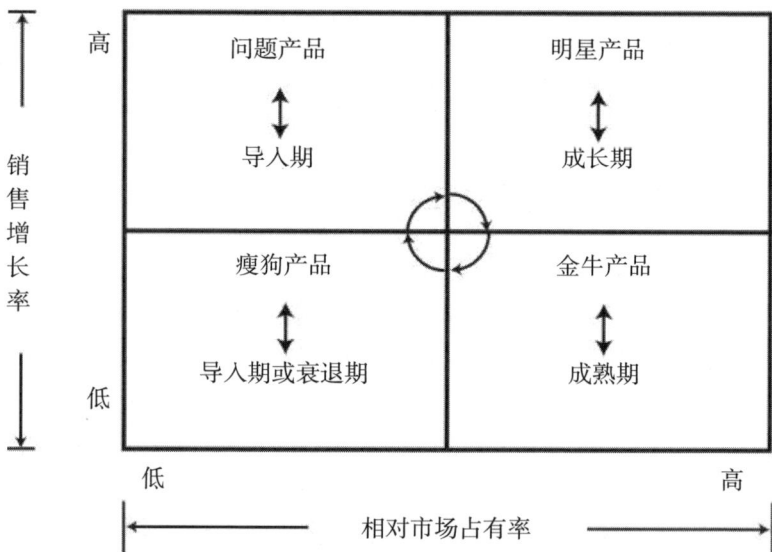

图 4-3　BCG 矩阵

4）产品生命周期模型——产品管理的重要参考准则。产品生命周期曲线又称成长曲线。它反映的是新产品研制成功后，从投入市场开始发展到成长、成熟，直到衰退被淘汰为止的整个市场内产品销售的综合情况。产品生命周期可划分为 4 个阶段，即投入期、成长期、成熟期、衰退期，具体图形如图 4-4 所示。产品生命周期理论和企业制定产品策略及营销策略有着直接的联系，它也是 BCG 模型的重要"搭档"——在产品生命周期理论的支持下，项目经理将会更为清楚产品从"明星"到"瘦狗"变化的内在逻辑。但是项目经理若想使其产品有一个较长的热销周期，或是始终保持较好的利润空间，以便赚取足够的收益，就必须要在其他生产、营销环节进一步下苦功夫，具体还要结合波特价值链分析模型及 4P、4C 等营销相关模型（后文有关于此模型的描述）。

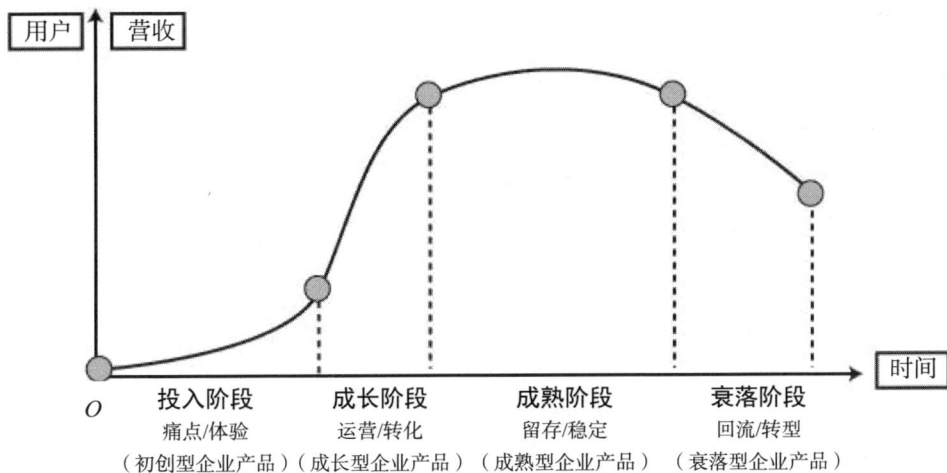

图 4-4　产品生命周期模型

5）波特价值链分析模型——统筹项目价值链各要素的专业工具。波特价值链分析模型是针对产品或服务的系列的输入、转换与输出活动的集合，其基本构成如图 4-5 所示。从图中可知，采购、生产、销售过程中每个活动都有可能相对于最终产品产生增值行为，从而增强企业或项目的竞争地位。整体而言，企业可以通过在价值链的基础上优化管理流程及关键业务流程来增强企业产品的竞争能力。此外，需要特别提示的是，虽然该模型在最初提出的时候是针对生产型的企业和项目而设计的，但是当今在服务标准化、产品化的大趋势，波特价值链分析模型也被越来越多的服务类企业接受与采纳。

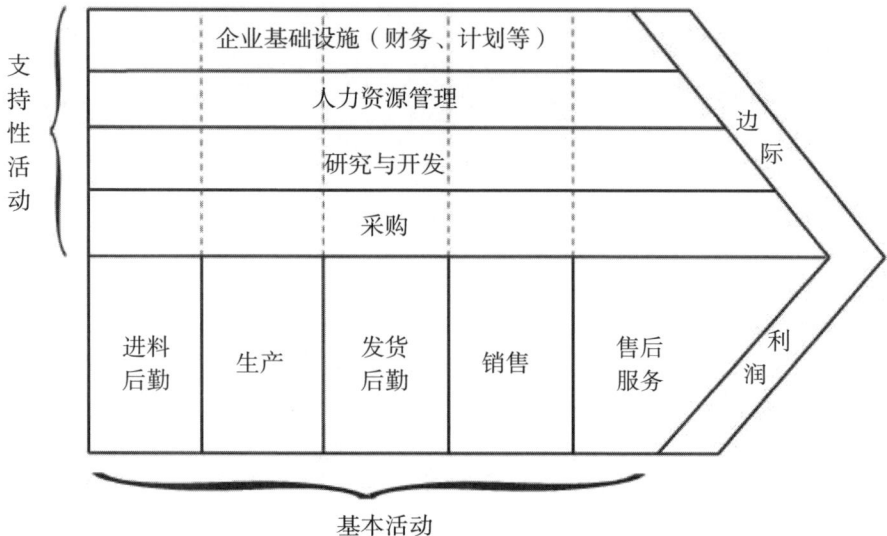

图 4-5　波特价值链分析模型

6）4P 模型——销售类项目市场营销战略的制定法则。4P，即产品（Product）、价格（Price）、渠道（Place）、促销（Promotion），该模型认为营销活动的核心就在于制定并实施有效的市场营销组合，企业营销活动的实质是一个利用内部可控因素适应外部环境的过程，即通过对产品、价格、分销、促销的计划和实施，对外部不可控因素做出积极动态的反应，从而促成交易的实现并达成组织的目标。该模型具体内容如图 4-6 所示。该模型可以从营销的角度提醒项目负责人要提供满足市场需要且价格合适的产品，同时要找对推广渠道，并运用好营销促销手段。

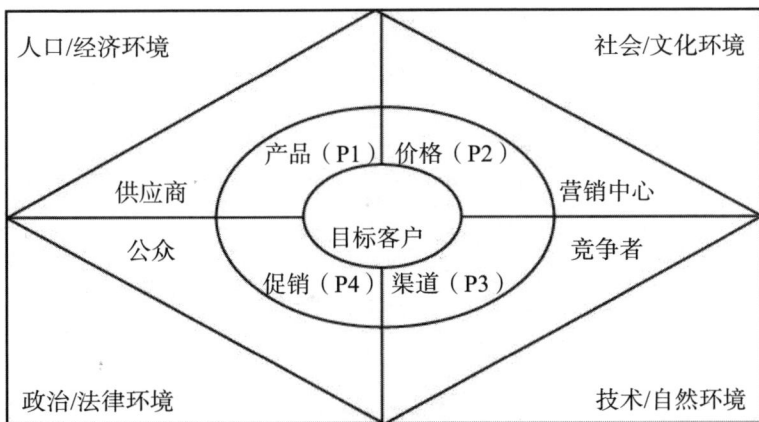

图 4-6　4P 模型

7）4C 模型——客户管理核心法则。4C 理论是罗伯特·劳特朋于 1990 年提出的。4C 模型以客户需求为导向，重新提出了市场营销组合的 4 个基本要素，即客户（Customer）、成本（Cost）、便利（Convenience）和沟通（Communication），并强调企业首先应该把追求客户满意放在第一位，其次是努力降低客户的购买成本，然后要充分注意到客户购买过程中的便利性，最后还应以消费者为中心实施有效的营销沟通。该模型站在 4P 模型的另一面构建，整体更为符合当下"供给侧改革"的理念，即产品和营销策略要"按需定制"。其与 4P 模型的对比如表 4-2 所示。全面来看，4C 与 4P 属于营销策略制定的两个方向，因为现实情况中"买方市场""卖方市场"时常因市场环境的变化而发生切换，所以建议项目经理对这两种方法都要深度掌握，以使自己可以应对不同时期、情境下的营销管理任务。

表 4-2　4C 模型与 4P 模型对比

比较内容	4P 模型		4C 模型	
提出时间	20 世纪 60 年代（麦卡锡）		20 世纪 90 年代（劳特朋）	
关注点	企业、产品		市场、客户	
阐释	Product（产品）	产品体系，包括产品线宽度、广度、产品定位等	Customer（客户）	生产产品之前，先研究客户的需求和欲望

比较内容	4P 模型		4C 模型	
阐释	Price （价格）	价格体系，包括各个环节的价格策略	Cost （成本）	出台定价策略之前，先了解客户愿意支付的成本与费用
	Place （渠道）	渠道销售策略	Convenience （便利）	建立销售渠道时，要考虑客户购买的便利性
	Promotion （促销）	促销组合，包括产品流通过程中的每个对象	Communication （沟通）	加强沟通，采取客户乐于接受的方式促销

8）5GAP 模型——服务质量优化模型。5GAP 模型是指服务质量差距模型，是 20 世纪 80 年代中期到 90 年代初，由美国营销学家帕拉休拉曼、瓦莱丽·赞瑟姆和莱纳德·贝利等人提出的，其专门用以分析服务质量问题的根源。5 个差距（Gap）分别指：管理者认识的差距（Gap 1）——这个差距指管理者对客户期望的服务质量感觉不明确，其产生的原因可能是企业对市场研究和需求分析的工作做得不到位，或是从企业与客户联系的层次向管理者传递的信息失真；质量标准差距（Gap 2）——这一差距指企业提供的服务质量标准与管理者对质量期望的认识不一致，其产生的原因可能是服务质量计划设计过程管理混乱，即上下级信息不通畅，或是组织本身无明确目标，相关执行团队仅凭自身认识去完成服务质量设计工作；服务交易差距（Gap 3）——这一差距指在服务生产和交易过程中员工的行为不符合企业提出的服务质量标准，其产生的原因可能是标准太复杂或太苛刻，内部培训不充分或根本不开展内部培训，以及现行技术和系统无法

按照标准为员工工作提供便利等；营销沟通的差距（Gap 4）——这一差距指营销人员向客户所做出的承诺与企业实际提供的服务不一致，造成此差距的原因除了营销人员有故意夸大其词、过度承诺的行为外，市场营销和服务部门之间缺乏协作和统一，以至于一线服务人员无法按营销内容完成工作也是主要因素；感知服务质量差距（Gap 5）——这一差距指客户感知或经历的服务与客户期望的服务不一样，因为此差距主要发生在"一线"，故其主要是承载服务的产品和服务的质量问题导致的。其具体内容如图 4-7 所示。从内容上看，该模型极为全面且精确地标示出了企业在提供服务时可能出现的五类疏忽，因而它是从事服务产业、产品销售类工作的项目经理需要深入研究并善加总结的重要知识框架。

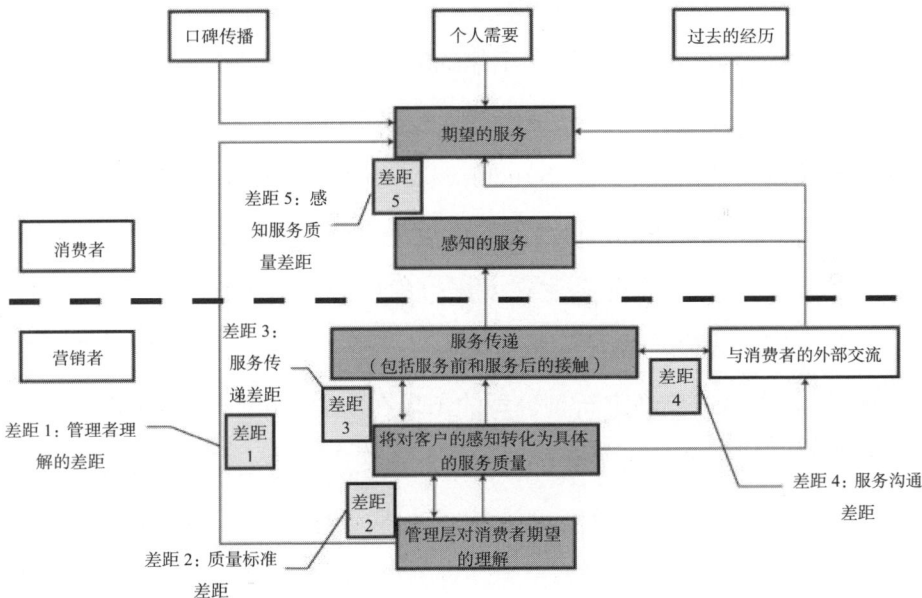

图 4-7 5GAP 模型

9）ABC 分类法——敦促项目经理克服主观性，把握"大多数"的指导法则。ABC 分类法（Activity Based Classification） 又称帕雷托分析法，也叫主次因素分析法，是项目管理中一种常用的方法，由意大利经济学家维尔弗雷多·帕累托首创。其基本原理是假设导致某种结果的有三类因素组，即 A 类因素组——综合发生频率为 70%~80%，是主要影响因素；B 类因素——综合发生频率为 10%~20%，是次要影响因素；C 类因素——综合发生频率为 0~10%。如果是一般影响因素，则最终应优先为 A 类因素组寻找应对方案——如果是改进类的工作，则优先针对 A 类因素组进行改进；如果是学习类的工作，则优先借鉴 A 类因素组的成功案例予以推广。这是项目经理处理日常工作的基本理念，即在有限的时间内要"抓大放小"，在设计、提供产品和服务时要遵从大多数消费者、客户的意见，在做项目各环节的优化时也要着眼于解决主要问题，切不可不去收集相应反馈而依自身的主观判断来"拍脑袋"做出决策。

此外，项目经理在处理日常工作的时候还可以参考一些咨询公司提出的工作方法，比如麦肯锡公司提出的麦肯锡 7S 模型，即企业组织七要素，包括战略（Strategy）、结构（Structure）、制度（System）、风格（Style）、员工（Staff）、技能（Skill）、共同的价值观（Shared Vision）——项目经理可以通过此框架全面梳理企业在发展过程中必须全面地考虑各方面的情况。在设立以开发新产品线、服务线为目标的项目公司时可参考的"麦肯锡七步法"，即第一步确定新创公司的市场在哪里；第二步分析影响市场的每一种因素；第三步找出市场的需求点；第四步做市场供应分析；第五步：找出新创空间机遇；第六步：创业模式的细分；第七步：风险投资决策。通过以上工具，项目经理可以更为快速有效地展开工作部署，并且能够将自身的知识体系更好地模块化，有益于经验的精确积累，并将知识高效地传播给他人。

此处再次强调，以上管理工具虽然已做了软技能方面的提示，但是项目经理在实际运用中仍需要根据现实情况全盘思考，不要错过对项目推进有益的任何工作，哪怕是细节方面的工作。须铭记，使用管理工具不是为了在 PPT 里展示自己的专业性，而是为了切实达成项目高效推进的目的。

本节的最后，将由曾经担任国际知名咨询公司高级咨询师，目前开始创立自己的互联网电商平台的白先生来讲述他在担任咨询师及创业公司老总时对管理工具使用的不同看法，以帮助读者可以更为全面地认识管理工具的使用场景和合理的使用方式。以下是白先生的建议。

"从我个人的亲身经历可以得出：如果毕业后直接进入咨询公司，然后再从咨询公司到企业之后，对管理工具的看法肯定是会发生比较大的转变。这些转变包括管理工具在咨询公司、企业中使用原则的变化，以及选用管理工具类型的变化。

首先，咨询公司更倾向于理论化地使用工具，工具会用得比较多；但到了企业之后，尤其是创业的时候，很多咨询公司的工具就不怎么使用了。其次，从管理工具的使用原则上看，咨询公司使用管理工具主要用于全面地分析企业问题，所以会更多地将管理工具摆在台面上使用，即让客户看到整个分析过程，以对企业在管理上的问题有全面的了解；但是在企业里实际管理团队、运营产业的时候，管理工具不会被摆在明处使用，而是融会贯通的，即管理工具不会特别用以做 PPT 或 Excel，而都是放在大脑里面用来为管理问题进行归类的。

但是无法否认，无论是隐性的还是显性的，管理工具都在企业发展过程中发挥了重要的作用。以我所做的电商和快消品行业来说，在初期创业的过程中，虽然一般不会过多地基于工具分析产业链、经济环境等方面的宏观要素，而运用得最多的管理工具就是财务分析的工具，但是如果能够将宏观要素放在心里，那就能够在企业发展到瓶颈期时快速修改战略，以帮助企业顺利突破瓶颈。所以我建议，管理工具是需要研习与熟练掌握的，因为它确实能够帮助管理者高效地处理工作，但是参与企业实际运营的过程中，还是需要在合适的阶段使用合适的工具，克服理论化的思维模式，保证自己不会被烦琐的管理分析浪费过多的时间。"

三、事无巨细　文档第一

开篇案例

　　麦当劳公司金色档案馆坐落于伊利诺伊州的埃尔克格罗夫村，1987年建立，馆藏档案排架长度达 2000 英尺，保存着纸质、声像、手工制品、电子文件等不同载体的档案，为全球 15000 万个员工提供档案服务。馆长麦克是一位有 20 年档案工作经验的档案管理员，也是麦当劳公司的历史发言人，经常代表公司接受一些媒体的采访——凭借公司翔实的档案资料，麦克能够自如应对美国国家电台及报刊的采访，同时做到精准、适度地宣传企业的文化和品牌。

　　麦当劳金色档案馆在麦当劳公司大楼外的独立建筑。设计并不出众，面积不大。里面有 3 个区域：接待区、展览区、库房区。接待区域有两个不大的接待室，墙壁、柜子充满了麦当劳企业文化气息；展览区域建有供麦当劳培训短片拍摄的标准操作间，有麦当劳简易餐厅，以及展示其历史、文化、主要历史事件、重要活动的档案文件、吉祥物、礼品等的小展厅——如麦当劳创始人克罗克和可口可乐创始人的合作意向通信档案，第一家餐厅的外观、使用厨具，产品种类和价目表，第一天营业的账单，麦当劳的促销吉祥物、小玩具、衣服等都在这里展出，琳琅满目，也没有任何防护措施，不过产品配方这样绝密的东西是看不到的；

库房区域保存着公司成立以来对公司有历史价值和商业价值的档案文件，如会议记录、通信、餐厅设计方案、产品种类名称、庆典活动音频视频、各个公司经理的口述史等。

麦当劳档案工作的主要使命是保管具有历史和信息价值的资产，保存企业的历史和延续企业文化收集、保管、利用档案信息塑造麦当劳品牌，支持其经营，激发企业内动力，提高企业竞争力。企业档案工作者扮演着守护历史、开发资源、塑造品牌、提高企业竞争力的角色。

由此可见，若档案归放得当，不仅可以使企业、项目组在应对媒体时策略更有章法，说辞更为严谨，也能使企业文化、组织文化更为全面地表达出来。同时，也是企业进一步开发资源、推广品牌的重要基础。

一般看来，文档管理不是什么能让人特别在意的事情，因为几百年来，人类社会都有将重要的工作内容和成果记录在档的传统，其工作模式已较为固定。但是我此处想要传达的一个概念是，文档是目前这个高速发展的大数据时代的重要素材，文档的合理管理是实现人工智能替代人类机械式劳动的重要基础。所以，用较为符合现代需求，合理又近乎标准的方式去储存文档不仅将使自身、团队、单位可以更为快捷地了解到项目运作的相关信息，也是对未来人类社会发展的重要贡献。

综合来看，文档管理主要涉及六方面信息的入库：一是工作信息，包括项目经理日志，团队成员每日、每月、每周的工作汇报；二是往来邮件，包括团队内部成员的往来邮件，以及项目经理代表公司与合作方之间的往来邮件，内容包括信息交流、请示批准及非最终版的文稿；三是重要里程碑事件的相关文档，包括合同、方案等；四是项目完成后的总结性文件，包括最终成果文档、项目经理总结报告、团队成员个人报告等；五是会议纪要，包括会上参与人的发言及经会议协商一致后的相关结论等；六是项目相关的其他文稿，主要是公司内其他有关项目推进情况的记录文件，以及项目推进过程中的媒体报道、外界记录等。不同类型的文档，入库方式不尽相同。整体而言主要遵循以下几项原则。

（1）备份体系完善。项目经理需全权保证文档不会"失踪"，一般是做工作电脑、公司服务器，以及其他储存器三重备份——如公司不允许将公司文件保存在个人电脑，可申请公司硬盘做第三个备份空间，上文谈及的六类文件都需要完整储存。

（2）总结工作要做好，并建立多个版本的总结文档以用于满足不同需求。首先，项目经理要根据项目实施的过程，最终达成的效果，以及项目推进过程中遇到的问题和相应的解决方案进行全面的分析与总结，并将此文档一并放入项目档案中。而后，项目经理还需要撰写两份相对精简的版本，一份内容相对完整但隐去涉密内容的总结文本用于向全公司和合作方汇报，以及用作公司公众号上的宣传；另一份更为精简且仅保留关键里程碑内容的总结文本项目经理可用以匹配个人档案、简历或是社交平台中的需求。

（3）会议纪要文档要写细致。从对项目推进作用最大化的角度来看，会议纪要的内容建议涉及：提问与回答，协商一致后的解决方案，以及总结性的发言。记录员必须有一定的专业背景和较长时间的工作经验，懂得去除言谈中的"噪声"，将对话以最为精简、关键的语言记录下来。一般而言，会议纪要也需撰写两个版本，一份是完整版，用于存档；另一份是仅保留协商一致后的方案和总结性的内容且隐去机密信息的版本，用于公开发布。

（4）养成良好的电脑使用习惯。"无纸化办公"虽然能令我们的物理桌面变得整洁，但是转入电脑中的文档却不一定能够摆放得井然有序。杂乱堆放的文件不仅会令我们无法快速找到目标文件，也会加大文件因被误删而丢失的概率，所以务必要掌握比较规范的电脑使用习惯，主要注意点包括：①建立一个工作文件夹，文件夹中以项目名进行分类，以 "日期+里程碑名称"的形式命名项目文件夹下的子文件夹，以方便查找文件和还原时间轴；②建立一个写作作品的文件夹，以"日期+文章题目"的形式命名该文件夹中的子文件夹；③建立一个学习资料文件夹，并依据自身对专业的理解将资料分门别类，该文件夹下除政策文件外均可不标注日期；④建立一个存放公司简介和个人简介的文件夹，所有文件需标注日期；⑤客户资料、合作方资料需分别单独建立文件夹存放，而不能仅包含在项目文件夹之中，同时需为客户资料、合作方资料单独做一份列表，并在列表备注栏里注明文件的名字以与文件夹中的文件相关联；⑥电脑桌面上的图标控制在五列以内，留下较多缓冲区域以保证执行某项任务时临时文件的摆放。

此外，所有文档及交流文件要以易于查找、易于追溯为原则进行标注，所以，在做好的项目文件归档之后，项目经理还需建立一份涵盖所有存档信息的档案库总表，输入相关文件名、建立日期、储存位置和备份位置等信息，以便日后查找。

本文最后，来自某券商资管公司的副总经理齐女士将向我们讲述她对于文件归档的见解——基于 6 年的项目参与经验，张女士训练出了较好的文件整理和工作文件撰写能力，其工作方式也得到了公司领导们的一致好评，目前齐女士已经从单单以项目相关工作为主 PMO 办公室经理升级为分管人事与行政工作的公司副总裁。通过这个案例我们也可以看出，在良好综合素质之上，以及在良好素质的一群人中，简单的一技之长往往能够打动他人。以下，就是齐女士对于文档管理工作的认识与工作方法。

"在我看来，文档管理是项目管理工作的重要辅助要素，因为项目经理在带领团队高速前行的过程中势必需要将各类材料妥善保存，并且可以自如地调用以往的材料，包括会议纪要、各类方案等，以对任务的内容可以更为明确。所以做好文档管理自然是对项目经理、对项目有帮助的。

记得我刚入职场时担任的是行政助理的工作，最初的工作内容就是负责公司各类通知、会议文件、项目文件等文本的整理和归档。这是一份简单、重复又'纯粹'的工作，公司已经有了现成的文本格式、编号体系和分类储存方式，我只要照着前人流传下来的工作方式就可以大致做好这项工作了。但是我似乎并没有满足于这样简单地完成我的工作——每个人在职场内成长都有其信奉的原则，我一直信奉'细节决定成败'的原则。所以，多年来，我小心翼翼，将力所能及的大事、小事都细心地完成——在我意识到这是我的职场竞争力之前，其对我而言仅仅是一种习惯，而这个习惯也帮助我更好地完成了文档管理这项工作。从最初开始，我在入档所有文件之前都会通读文本内容，并针对每份文件写一份简要说明放入总目录的备注栏中，经过这番操作之后，我能在一个大表格中非常容易地检索到每份文件的主要内容，这为以后高效调档做了必要的准备——与此同时，我也希望更多的人能够享受到和我一样的便利，于是我首先将快速检索的服务告知了各个业务团队的负责人——虽然我的工作性质决定了我在工作中也不需要与他人有过多交流，但是我考虑到要建立自身知识体系的全面性，还是很主动地融入了业务团队的群体。经过我的适度宣传，各业务团队的人都在需要过往文件时第一个想到我，无论是几个月前的会议文件，还是以往项目的方案等，一般情况下我都能在 5 分钟之内为其提供。同时，项目经理为了感谢我的贡献，也会教我许多专业的知识，以帮助我可以更准确地做好摘要的写作工作。

久而久之，我的工作进入了良性循环，我能够比其他行政人员更快速地把握会议的要点，并对会议纪要进行专业化的处理，让各相关人士都能更高效地把握会议的真正要点。同时，我也能将其他有关业务团队管理的方案写得更到位。我的工作得到了上级和同事的一致好评，很快地，我就进入 PMO 部门，开始专门负责业务团队的绩效考核和业务方案的归档整理工作。而后，我一步步走上了一条稳定上升的职业发展道路。可以说，文档管理工作是我职业发展的重要抓手，它不仅令我最大限度地发挥了自身的特长，也成了我与专业人士互动及成为专业人士的支点。

基于从我个人的经历，我首先想说，文档管理工作非常重要，它是一项能够让各团队成员都可以更好地学习企业成长经验和他人智慧的基础工作；其次，在现实中，有很多人是不太愿意做枯燥乏味的'细活'的，通过文档整理，可以培养我们处理细枝末节的耐心和做细活的习惯，既在一定程度上打造了竞争力，又能够给人留下'细心'的好印象；再次，对于大部分职场新人，尤其是从行政岗位做起的人来说，如果有意识地提升自己，通过行政文档的撰写和归档工作可以学到许多专业知识，将会为自身未来的职业发展打好基础。"

四、整合资源　优化运维

开篇案例

关于资源整合，洛克菲勒曾在其出版于 1909 年的《洛克菲勒自传》中谈论道："依靠个人力量单枪匹马求生存的时代已经一去不复返了……一个人很难完成的事情可以由两个人合作完成。如果你可以接受此观点，即小范围的合作或者类似的产业联合是有必要的，那么实际上你就承认了这种联合的必然趋势。对于小企业来说，两个合伙人足矣，但如果企业不断发展，就会需要吸收更多合伙人的加盟和丰富的资金资源。"

近十余年来，重视资源整合，资源最大化利用的企业愈来愈多。部分企业已开始启用"首席资源利用官"这个职务。如 2004 年，升阳电脑 CEO 斯科特·麦克尼利曾任命格兰特·罗斯奇为首席资源利用官，并要求他更多地关注从独立部门到业务流程的所有资源利用决策，以使公司可以更具竞争力。在 THOMSON 公司由控股公司转变为运营公司的过程中，CEO 理查德·哈林顿任命了首席信息官芭芭拉·斯卡斯勒担任战略资源利用官——因为芭芭拉曾成功在其部门井然有序地执行各项 IT 资源利用决策，同时成功地降低了成本，提高了服务水平，所以她被要求关注企业可以从更加集权化的 IT 资源利用，以及其他公共服务中受益的方法。很快，芭芭拉与其团队就在 THOMSON 公司的资源利用决策中扮演了教练与指导的角色，对超过 10 亿美元的年度开支进行监督。此外，有些企业则会把首席资源利用官的职责赋予现有的管理者——比如首席运营官或财务总监。还有一些则会成立资源利用委员会。但是万变不离其宗，资源的合理利用已然成了各类企业都需要充分予以重视并需要纳入经营准则的重要工作环节。

此前我们已经探讨过项目经理要如何掌握并运用谈判技巧来获取更多资源，使自己具有更强的竞争力。本节我们将特别基于资源本身来讨论项目经理应如何管理、运用资源以充分保证项目可以在最优的资源要素辅助下健康发展。

针对特定的项目会有特定的资源需求，项目经理在充分积累资源的基础上要对资源的类型及资源可靠性等方面做好甄别——此处所说的资源类型并非根据资源依附的主体而做的分类，即项目经理自身"与生俱来"的资源、企业内部资源、外部企业资源和其他自然人资源，而是根据资源对项目的贡献方式进行的分类，主要有以下 6 种。

（1）专家资源。即与项目经理本身专业类似或具有补充作用，从业经验更丰富且更具权威性的企业与个人。项目经理可通过邀请其予以指导使项目可以更为顺利、高效地完成。

（2）工具资源。即掌握项目所需技能的企业与个人。项目经理可通过采购服务的形式获取此项资源的帮助，提升项目整体工作效率。

（3）品牌合作资源。对一些有着销售目的的项目而言，项目推进的过程中不仅需要落实于项目本身的工作，也需要外界的力量在影响力的扩张上予以支持，尤其是如果可以让项目"傍"上业内知名企业，让其为项目站台，那对项目营销将会带来不小益处。

（4）客户资源。对于涉及商业化产品、服务升级与研发的项目，基本都逃不过借由销售量来检验最终成果的命运，许多单位也已明确将销售量作为产品、服务研发工作的考核指标，如果是涉及市场拓展的项目那更是与销售息息相关，所以客户是此类项目的项目经理应时时注意积累的重要资源。

（5）资金资源。任何项目皆涉及成本，所以内外部的资金方就是项目经理需要充分拉拢的关键资源。主要包括公司内部的决策层，以及外界有资金且对资金有支配能力的投资机构、个人。

（6）政府方资源。从国内实际业务推进的经验来看，用市场化的方式发展项目固然重要，但政府方资源有时发挥着极为关键甚至是无可替代的作用，特别是一些监管体系特别复杂、严格的行业，能够借由企业的影响力或其他途径获得政府方面的支持，能够大大加速项目获得牌照、许可证的效率，从而令项目可以更为顺利安全地推进。

以上所有类型资源的信息获取方式一般可以通过公司内部人员引荐，或是项目经理以个人名义或公司名义从外界收集而来，主要获取方式即上一章所谈及的"谈判"。但是项目经理在获取资源并将其与项目发展过程中所需要优化的内容相匹配之后，也要判断好资源的可靠性——基于此前的内容，我们已知道，属于自身的资源并不仅是认识、有联络就可以的，而是需要对方愿意帮助你，并且在未来也将会有求于你的扎实的商务互动关系。所以项目经理在调用资源之前要明确资源是否已经"坐实"，如果不能做到百分之百确定资源已可以为自己所用，切不可将其与关键工作相关联，以免误事。

此外，在运用资源的时候，项目经理切记要谨慎对待，因为资源往往非常现实，如果项目经理总是用不合理的方式去调用它，资源容易丢失。结合此前已经教授的知识，此处特别提出以下管理、运用资源的主要原则。

（1）在未启用资源的时候，项目经理也要与资源方保持良好互动，包括正式场合的业务请教及非正式场合的互动。

（2）项目经理需要通过专业文章写作、时间管理、情绪管理能力的展示，以及与他人沟通时得体、到位的表现等方式，塑造自身专业形象和人格魅力，以获得资源方的信任。

（3）项目经理要非常明确自身的筹码，要清楚资源方是否会被自己所吸引，愿意为自己的项目做出贡献。

（4）在调用资源时，需要先考虑资源方通过此次合作可以获得什么，因为人有考虑自身利益的本能，如果不把他人利益放在首先考虑的位置，恐有可能因为忽略了他人的完整诉求而导致合作中止。

（5）与资源方合作时要考虑长远利益，切不可在一次合作临近结束或结束后就对资源方有所怠慢，因为真正能归类于"资源"的人或企业都不是一般的合作方，而是有与我们一同成长需求和意愿的商业伙伴。现实告诉我们，真正优质的资源来之不易，也合作不易，所以遇见了就要好好珍惜。

本文的最后，来自某知名房地产开发公司的钟先生将基于15年的房地产项目运作经验来谈谈如何将项目相关资源最大化地利用。同时，他也会探讨如何合理调用资源以使项目稳健、快速地推进。以下，就是钟先生的经验之谈。

"'资源整合'是近年来商界经常听到的流行词汇。无论是创业项目的融资路演，还是大型企业的工作会议，总能听到负责人将这个词组挂在嘴边，似乎资源整合已经成了各行业拯救业绩的'灵丹妙药'。但是我认为资源整合不是每个人都玩得好的，至少其中有很多前提条件需要准备，条件不充分，资源肯定是整合不好的——对于项目经理来说，要实打实地整合资源，不能盲目地依靠创造力来设计模式，还是需要按部就班地打好整合活动前的基础。根据我的经验，以下几个环环相扣的步骤是正式开始资源整合工作之前的必经之路。

第一步，项目经理要非常明确公司的战略目标。因为无论是项目还是资源都是为公司的战略目标服务的，只有明确了目标之后，才能够确定目标资源匹配与否。

第二步，项目经理要想清楚自身和自身的平台对他人来说是否有利用价值。因为他人的资源不是随意就可以调用的，调用他人的资源之前，项目经理自身或自身的企业就需要判断好自己对合作方而言是否是明确的资源，如果不能客观确定自己一方的'筹码'，那后续的合作就无从谈起。

第三步，项目经理的资源整合策略预期要能够做到比资源方单方参与市场带来更大的价值——可以从经济价值、社会价值、品牌价值等方面考虑。因为无论是对己方还是对对方而言，资源整合的目的都是能够产生更大的收益或知名度，简单地说就是'1+1＞2'的作用。所以，'性价比'越合适的资源整合策略就越能够得到合作方的认同，执行起来也就会越高效。

在以上几个环节都做到位了之后，资源整合工作才有可能顺利地开始。此处我举一个我们房地产行业的典型例子。比如，某中高端品牌房地产开发公司要打造精装修样板房供购房者参观。项目比较好界定，就是样板房的建设和宣传项目。明确的战略目标是打造'轻奢主义'的都市中产阶级刚需住宅，所以需要中高端家装品牌的联合参与。能够拿出来的'筹码'，一是可以提升合作品牌信用度的一线开发商品牌；二是各个合作品牌可在各大报刊联合宣传，所有费用由开发商一方承担；三是未来该社区内所有精装修住宅的装修材料采购合同。合作的基本模式是各大家装材料品牌拿出各自的主打产品免费提供给开发商用以组装成样板房，并给出自身的品牌授权，允许开发商将其品牌和实物照片放入宣传图册和其他广告材料中。通过此项合作，开发商可以借由家装材料供应商的品牌向市场传达精装修房的高端性及专业领域对其品牌的认可度，而材料供应商则可以在品牌高质量曝光的同时获得更多的订单。两者互帮互助，形成了良性发展的生态系统。有了以上方案做基础，就可以正式开始资源方的筛选和商谈工作了。

所以说，资源整合并不是单一地就某个未经验证的方案而试探各方参与兴趣的系列谈判工作，而是以优势互补、重组，以及以明确的价值增长为基础的系统性的策划与谈判工作。所以，负责此项工作的项目经理也应脚踏实地，以符合公司战略目标的项目为基础，目的明确且谨慎地汇聚资源，并要做到来者皆有活干，这样，各方才能因合作而产生真实的成果，项目经理与资源的连接也才能够更为紧密。"

五、项目分工 须得章法

开篇案例

为充分"满足客户需求、成就客户理想",华为技术有限公司(下称"华为")设计了以客户经理、解决方案专家、交付专家组成的"铁三角"项目组,并使其最终成了华为实现高效业务拓展的"作战单元",也成了当今许多生产型企业相继效仿的销售项目组的组建范式。

该"铁三角"模式的雏形出现在华为北非地区部的苏丹代表处。2006年8月,当时华为业务快速增长的苏丹代表处在投标一个移动通信网络项目时没有中标。针对此次失利,华为召开了一个分析会,在这次分析会上,讲述了华为针对客户需求不能主动把握的问题。之后,在一次客户召集的网络分析会上,华为共去了七八个人,每个人都向客户解释各自领域的问题。客户 CTO 当时直接抱怨:"我们要的不是一张数通网,不是一张核心网,更不是一张交钥匙工程的网,我们要的是一张可运营的电信网。"

针对客户需求的这种问题,苏丹代表处决定打破楚河汉界,以客户为中心,协同客户关系、产品与解决方案、交付于服务,甚至商务合同、融资回款等部门,开始有针对性地组建特定客户项目的核心管理团队,争取能够实现客户接口归一化,更好地帮助客户获得成功,并由此建立了客户经理、解决方案专家、交付专家组成的"铁三角"项目组。

2007年,苏丹代表处通过"铁三角"模式获得苏丹电信在塞内加尔的移动通信网络项目。看到该模式奏效,华为开始在全公司推广并完善"铁三角"模式。随着华为企业的快速发展壮大,华为的"铁三角"模式也日臻成熟。

由此可见，合理的项目组内分工与项目的高效、高质量完成有着必然的联系。

从项目管理技术的角度来看，项目分工属于"项目范围管理"的范畴，是指在项目解构完成之后依据各成员的特长分配工作，形式上，是将范围管理拆分出来的各项子任务以"保证管理工作、执行工作可以落实到位"为原则重新"打包"，再指派给各责任人。

从实践经验来看，项目分工的核心依据主要是专业属性，如依据策划、产品设计、人事、风险控制、采购等职能进行分工。但是合理的任务布置不是项目经理单方面就能够完成的，而需要和组员充分的沟通，在了解组员的特长和需求之后才能够做出决定。具体从流程上来看，需要经过以下几个环节。

（1）项目经理要在做好范围管理工作的基础上将项目要点整理得极为明晰且易于让全部人员理解，并敦促组员通读这份材料，使其了解项目任务的全貌。

（2）通过提问来了解组员对项目信息的掌握程度，以及组员对项目方案的可行性和项目目标的看法。

（3）依据组员专长和个人需要进行任务布置，并将最终确定的项目方案和项目目标告知组员。

（4）项目经理需明确意识到项目的任务布置和调整是伴随整个项目全生命周期的，所以，为保证任务在各阶段都能合理布置，项目经理须在工作上与组员亲密合作，发掘工作中的不足。同时，通过会议、交流，确定员对任务的重视度，以此判断任务分配方案是否真正如员工所愿。针对项目实施中的各类问题，项目经理要协调多方力量，找到各类问题的解决办法。之后以最大限度调动组员的个人能力为原则调整任务责任人，将问题予以解决。

此外，在依据专业进行任务布置的基础上，依据各子团队的诉求进行小组绑定更能够激发整个大项目组的活力。比如，在产品设计类的项目中将外观设计小组和营销小组绑定在一起，让产品设计师可以更为方便地得到来自市场的反馈，从而使产品的市场接受度变得更高，同时营销组也可以更早地得到产品外观设计的渲染图，让广告物料的设计的时间更为充裕，诸如此类。总之，项目经理要看到项目本身的特点和各职能小组最渴望的突破点，有机组合项目要素，让各个成员都觉得工作得心应手并能够明确感受到工作内容对职业发展有促进作用。

本节的最后，来自某知名互联网公司的创新业务负责人严先生将会分享他面对一个个需要融入大量创新型思维的项目时的分解策略。

"我认为大部分模式成熟的项目做范围管理及相应分工工作都没有太大的难度，即便项目有数百项工作内容，只要有过往案例作为参考，都仅仅是复制粘贴的工作。而创新型项目才是真正挑战项目经理任务分解和分配能力的考验。基于参与公司多个创新型项目的经验，我总结了以下三点创新型项目分解的思考要点，以供参考。

（1）范式化的思考方式。虽然没有可供直接参考的项目，但是项目的主要构成还是项目管理十大知识领域及相应专业领域所涉及的内容，所以如果对以往的项目勤加总结，将可以拿出合理的范式以应对新的项目。

（2）'迭代'的思路。决策层在提出新的项目概念时，很多时候项目内容也是基于以往各个代表性项目的重组，所以，可以将新项目看作以往项目的'后代'，从'前代'项目身上截取与新任务匹配的特征，依此找寻工作内容的相似性，再而进行重组。

（3）发挥想象力来做情景模拟。有的项目因为没有以往相似的案例可供参考，所以项目经理得和组员们通过想象来模拟着做一遍项目，有时需要在与任务相同的场景中实地进行模拟，从中尽量发现想象中未曾考虑周全的工作环节。

但无论在使用以上哪项策略的过程中，都需要项目经理运用自身的知识重组能力，即创造力来应对。思维保守、不活跃的人不适合参与创新型项目的前期设计；此外，经验之谈，害怕承担责任，'不求无功，但求无过'的人员也不适合参与创新型项目，因为这样性格的人通常无法理解创新，并且往往还会妨碍项目的推进。当然，因为市场需求的复杂多变，很多项目可能与以往项目差别巨大，以至于没有人可以保证或预测项目成功的概率。所以，在巨大的不确定性之下，唯一能保证成功率的方法就是项目经理和员工运用才智拼尽全力去实施，而接受创新、善于创新、享受创新的人才势必是最合适的参与者。所以，创新型的任务若想要更接近成功，应该选择创造性人才来负责执行。"

六、明晰要点　多维营销

开篇案例

在当今的家电领域，董明珠可谓是一位公认的营销专家，她不仅拥有极高的悟性，在态度和技术方面也有着极强的专业性。在董明珠刚入空调行业的时候，她就摸清楚了如何高效地做营销工作——她不仅熟记诸如多大空间的房间应配多大功率的空调，空调安装位置在何处为最佳，不同型号的空调对应窗口尺寸多大合适，以及空调使用、维护手册内容等专业知识，还懂得要怎样对付不同区域、不同性格、不同品行的经销商。营销对她来说，已经不是一个陌生的概念，而是实实在在的、具体的工具。

同时，在工作态度上，董明珠也有着超乎常人的认真。她在安徽淮南做成第一笔业务之后，并不像其他业务人员那样签了合同就甩手不管了，而是一次次亲自登门，真心实意地站在店家的立场看市场想问题，然后像朋友似地出谋划策。当时"格力"的前身"海利"还是一个小品牌，没钱做广告宣传，要知道，即使在那个年代商品摆入商店就想畅销也不大可能，久而久之商家们对此产品也会失去信心。于是董明珠灵机一动，动员商店经理发动员工，先把产品推荐给他们的亲戚朋友试用。很快，"口碑宣传"的策略奏效了。1992年夏天，淮南这家商店20万元的海利空调销售一空，紧接着又进了一批货。接着董明珠用这家商店的例子对其他商店"现身说法"，一张张订单便接踵而来。那个夏天，海利空调在淮南卖了240万元的销售额。同时，董明珠乘胜追击，在芜湖、铜陵、合肥、安庆等城市继续和经销商合作推销，仅1992年一年，董明珠在安徽的销售额就突破了1600万元，她一个人的销售量占了整个公司的八分之一。当地的经销商也纷纷赞扬董明珠的跟踪服务，说销售海利的产品最省心最舒心。

董明珠在早期就根据自己的实践经验对营销工作如此总结道：真正好的营销政策，不仅是把货卖出去、把钱赚回来，还要在厂家和商家之间形成稳固、诚信的合作关系，共同为社会和消费者创造价值；只有多赢，生意才能做长久，如果不懂得保障他人的利益，最后必然是自己的利益也会失去。凭借这些顺应市场规律的营销理念，董明珠于1993年接手江苏市场时把格力在江苏的销售额翻了10倍，卖了3650万元。加上安徽市场，董明珠一个人的销售额为 5000 万元，占了整个公司的六分之一。并于 1994 年使格力在江苏的销售额又增长到 1.6 亿元，与春兰、华宝并列三强，董明珠一个人占了总销售额的五分之一。在那个几乎没有广告支持，全依赖个人能力的年代，董明珠凭借自己的营销专长创造了国内家电界的销售神话。这也为她后来出任格力电器经营部部长及担任格力电器总裁打下了扎实的基础。

自古以来，营销就是商人、民间艺人乃至给帝王提供"咨询服务"的学者都不可或缺的重要能力——古时人们就知道，唯有做到在目标市场内"声名远扬"，产品和服务才不愁销路。而今，虽然市场格局已发生了剧变，"推陈出新"已发展为常态，营销也已演变成了一门专业的管理技术，同时还涉及大量科技手段的运用，但是营销与产品、服务的绑定关系仍旧没有改变，故而，负责产品或服务开发，以及直接负责市场拓展工作的项目经理都应该培养自身的营销能力。

从软技能的角度来看，项目经理所要负责的营销不单是项目的营销，也包括项目经理自我的营销。通常两者相辅相成，比如，项目经理自身能够获得他人的信任，自然能够在项目推进的过程中得到许多帮助；项目如果得到他人认可，也是项目经理自身品牌的提升。两者做好了，都能够对项目经理未来的工作带来正向的作用——所以，项目经理应努力将这两方面营销都做好。

一般而言，项目的营销和项目经理自我的营销两者有着较强的互通性，只是佐证品牌价值的材料有所不同，整体技能涉及以下几个方面。

（1）营销的本质在于取得人的信任。营销的目的是笼络更多的资源，获得更多的订单，长远来看也是为了得到更多的肯定，但是核心的机理是获得目标人群的信任，所以项目经理要以人为出发点，以与人沟通为主要手段，揣摩人心、寻求共鸣，让营销带动项目和个人品牌深入目标人群的心中。

（2）要相信营销的机会无处不在，不仅是各大媒体和公共场所的广告，在采访或会议上的直接宣传，就是在平时社交，网上互动或是在写专业文章时都可以表现出个人、团队、企业的专业性、可靠性，所以项目经理要深入研究、效仿相关宣传技术，力争抓住每一个营销的机会，让项目和个人品牌可以准确地切入目标人群的关注范围中。

（3）利用权威的肯定提升项目价值和个人价值。项目经理在日常的营销工作不同于在媒体和公共场所做广告，其更依赖于项目经理个人语言与文字的表达，同时也讲究快速、有力，所以描述专家和有实力的企业对项目正面的看法，或是描述个人与权威专家的互动，将会有利于项目与个人品牌价值的提升。

（4）要控制好营销的度。营销就怕过激了，如果营销变成了闹剧，那虽然博得了市场的眼球，但是市场对于项目、品牌和负责人的认识也会模糊化，不利于未来专业知识的传达。

（5）要有个人品牌意识。树立个人的品牌不是明星的专属工作，即使是普通人本身也可以成为某专业领域内的知名品牌，此前也说过，如果个人可以坚持专业文章的写作并持续发布，或是在论坛或专业交流场合多发表自身观点，对自身的品牌打造也会有正向作用，当然，如果可以运用专业的营销手段予以配合，那将会更为快速地达到个人品牌传播的预期目标，将有利于项目经理抢占市场资源，最大限度地获取项目推进的支持。

（6）项目营销和个人品牌营销的支持材料有别。针对个人的营销在于树立自身可靠、稳定、有责任心、有策略的形象，所以可以通过对日常工作、生活中各类事务的处理方式、态度对这些特征予以佐证。而针对项目的营销在于给出足够的证据说明其成功的概率，其中包括历史业绩，目前项目得到的认可与肯定，以及项目经理本身的不懈努力。项目的营销相对个人品牌营销而言还是比较就事论事一些，因为无论项目经理本身综合能力再强也不代表所有的项目都是能够被其做好的，毕竟"术业有专攻"。所以，如果项目本身和项目经理的专业能力、历史案例要有较好的相关性，那会是比较好的营销基础条件。

此外，项目经理也要多向最会营销的人学习营销技巧。一般而言，咨询顾问、律师、医生、制片人、大型项目投资负责人都是非营销专业人士中最注意个人品牌营销和项目营销的，项目经理可以向身边从事这些工作的朋友多多讨教个人层面的营销技巧，效仿合适的方法与思路。

本节的最后，来自某海外房产投资公司的市场拓展人士冯女士将为我们讲述其进行以个人角度推进项目营销工作的经验和注意点。

"营销的目的是实现销售，理论上凡是能促进销售的营销策略都可以被采纳。但我认为对于经理人个体推进营销工作而言，合适的策略必然不是从产品的特征出发来谈产品——因为采用这种方法容易给客户造成'不买就是笨蛋'的不适体验，而是应从消费者的需求出发来谈产品，并通过专业性和辅助手段激发客户主观意愿以实现交易——这与'供给侧改革'的核心理念是一致的。这中间，经理人个人的专业能力，信任的获取能力，营销工具的选择和使用能力，以及对客户意图、意愿和内在需求的分析能力都非常重要。

为了便于读者理解，我以纯粹的销售岗位为例来说明。首先，在正式的销售活动开始前，营销负责人就需要适时、全面地展示出自身的专业性。具体来说，销售经理需要不断地借由各种平台输出自身的专业性，比如公众号等途径，但切记公众号一般不要直接宣传产品，其主要是培养目标消费者和潜在消费者的意识和传播专业知识。比如我本人从事海外房产的销售工作，我就会通过公众号文章探讨全球经济格局，各大集团的不动产布局，以及哪些国家值得投资等专业问题，让已经做了海外房产投资的客户和关注者获得更新的咨询，让还没有进行海外资产配置的潜在客户看到全球有哪些有价值的不动产。在客户接收到相关信息并对我们销售的项目感兴趣且前来问及产品情况时，我通常也不直接谈产品，而是先充分了解客户的需求——弄清楚客户在海外置业是纯粹以投资为目的，还是主要供孩子在国外上学、工作时居住。若是前者，则客户一般情况下都会要求高回报；若是后者，回报率对客户而言就不是主要考虑因素了。在一切情况都了解透了之后，我才会对客户说'我现在了解您的情况了，我会为您匹配您所需要的产品'，然后在第二天或几天后见面时再讲具体项目。因为按这样先谈专业再谈产品的思路去做，销售人员和客户往往都能够对投资的必要性、可行性，以及客户自身的真实需求了解得最为到位，让客户在主观上先对销售人员的专业度有所认可，进而能够更好地接受产品，以达到更高的成交概率。

其次，把握好'见面'的学问。在销售的世界，大额项目和小额项目应该区别对待。小额项目一般都讲究薄利多销，一般会比较注重高效沟通，在尽可能短的时间内完成订单，所以在互联网的协助下在线上开展业务是最为合适的；但是大额订单因为涉及金额大，客户的决策过程比较慎重，如果销售人员不能很好地获得信任则销售恐不能很好地促成，所以除了首次建立联系时可通过电话或网络，建议之后每一个重要节点都见面详聊——客户是否愿意见面也反映了客户的兴趣和对销售人员的信任度，当然这种兴趣和信任感或许来自该客户身边朋友对该项目或销售人员的介绍，或许是来自客户对销售人员公众号文章的认可，所以这些都需要销售人员提前进行布局。此外，对于销售人员而言，见面还有利于分辨客户询问项目的真实目的，到底是真的想购买，还是竞争对手方在四处询价，等等。

再次，情感调动。这是谈判实战的关键能力，如果销售负责人不懂得情感的调动技术，燃起客户对目标商品的购买欲望，那工作就很难推进，甚至会流失很多实现销售的机会。现在有很多做基金或金融投资产品销售的团队通过搞一些感染力很强的投资讲座来点燃客户的热情——高端场地，专家出席通常是'标配'。在这些讲座上，专家会通过演讲传播投资理念，再搭配现场音效、灯光等环境要素，客户极容易被'感染'，销售人员在现场促成下单的概率也会大于平时。不过虽然这样的活动能够达到预期效果，但是成本太高，具体到销售人员，还是需要利用自身的专业知识去成为客户身边的专家，或结合客户的朋友在引荐过程中对销售人员专业能力和优秀业绩的渲染等方法去感染客户。此处需要提示的是，人都是比较敏感的，如果一见面就就事论事谈产品，会让人觉得目的性太强，容易产生排斥的情绪，这样自然不利于情感的调动，所以前期信任的建立，'以心交心'的感觉一定要做到位。

此外，对于每一个销售人员而言，公司层面广告的投入非常重要，因为广告是公司实力的体现，在某种意义上来说，广告所宣传出的品牌专业度也将给销售人员带来一定的'光环'，所以营销人员、销售人员应该说服公司对目标客户聚集的媒体进行合理的广告投放——考虑到当下昂贵的广告费用，广告必然不是全渠道投放，而需要根据目标客户的阅读习惯、聚集情况进行精选。比如，如果目标客群是有 100 万~300 万元'闲钱'的中产阶级客户，那就要充分调研这些客户会通过哪些媒体、网站的文章去了解投资信息——据我的经验，一般这些客户关注财经、地产类媒体比较多，同时对珠宝品牌、海外医疗等信息也普遍比较关注。那广告投放就应该围绕这些关键要素展开，并通过定向投放、SEO 等手段想办法让目标客户看到。

总之，营销能力是个人资源调动能力、专业能力、情商素质发挥的一种综合表现，并不是简单的宣传和展示。

最后，基于多年的销售管理经验，我也想提示，因销售是决定企业是否可以实现利润的关键环节，所以销售类项目的项目经理必须是销售人员出身并且受到过良好的管理教育才能够管好销售员工和项目。因纯粹的销售人员通常工作习惯过于'狼性'，故而往往不愿意或不知道如何分享财富和经验给予他人；而仅受过良好教育的管理型人才因缺乏娴熟的销售技术和成功业绩，而无法受到销售人员的认可，或有可能面临被架空的境地，所以销售领域的项目经理应充分意识到现状，全面审视自身，发觉短板，并充分做好自我培养。"

七、信息共享　明确源头

开篇案例

2003—2007 年，全球知名咨询公司华信惠悦为找出沟通和商业业绩的关系，调查了 750 多家公司的 1200 多万名员工。调查发现，有较强沟通能力的公司能在 5 年内（2002—2006 年）多回馈给股东 47%的总收入，而且比低沟通能力弱的公司的员工工作效率高出 4 倍。此外，沟通能力强的公司比沟通能力差的公司员工流失率要低。因为当沟通不畅时，员工通常会以不存在的谣言来填补空白，这自然是有害的。

凡是有一年以上工作经验的职场人都会明白，"信息不对称"是一种经常会出现的现象，如员工在沟通复杂信息时未刻意留意沟通技巧，信息失真的概率就会非常之大。而为了能够充分保证项目组可以以正确、一致的方式运作，项目经理有必要成为组内消除信息不对称的第一责任人，利用一定的专业手段去避免信息不对称的发生。

想要消除信息不对称，首先就要做好沟通管理工作，即要求每一个原始信息的发布人做好口头沟通与邮件沟通的并行操作，并在信息传播时尽可能全面地附上佐证材料——这些都是消除信息不对称的最基础工作。当然，在办公室线上管理系统的大力推广之下，这些工作也能够得到较好的保证。而后，项目经理就要结合自身的其他软技能帮助信息可以做到更为准确地传达给目标人群。以下是几个主要注意事项。

（1）所有信息需要确定"源头"是谁。项目经理需要从源头处了解真实信息，并且摸清传播意图和期望传达的人群。

（2）运用自身精确的语言表达能力帮助源头更为准确地组织信息。因为很多职场人士并不具备良好的语言表达能力和写作基础，也就造成了他人对其传播信息理解的千差万别，所以项目经理要发挥自身的语言组织能力与写作特长，帮助信息源头写出所有相关人士都读得懂的信息。

（3）要以"共鸣"的方式体会真实的信息。有时信息不是单纯的文字，而是结合了表情、语调乃至肢体语言的综合体，所以项目经理在向信息源头确认相关信息时要以他的思维方式、说话方式去捕捉、思考信息，以充分掌握信息的全貌。

（4）时刻对信息扭曲现象保持警惕。有时因牵扯到办公室斗争，信息会在中间人处进行"加工"、扭曲，所以项目经理要警觉这些现象的发生，并摸清扭曲信息者的真实意图，谨慎处理此类事件。

（5）谨记，习惯性埋怨他人不给出正确信息的人大多是理解能力有缺陷，或是不愿意去共鸣、去倾听的人，故不适合放在信息传递的关键岗位。

传递精准的信息对于项目组而言可以消除误会，减少工作被搁置的可能性，从而也防止了推诿、扯皮现象的发生。所以，在此项工作上项目经理要对自己严格要求，即使信息传播不一定与自身工作有关，但是也要时刻跟踪各岗位的沟通情况，及时纠偏信息不对称现象，努力营造好沟通及时，信息传递精确，并且可信度高的工作环境。

本节的最后，来自省级监管部门的项目负责人姚先生将会讲述准确的信息传递对其推进工作的重要意义，以及他对于消除信息不对称工作的一些建议。

"在我看来，信息不对称永远都会存在，没有办法根除这个问题。但是我们有方法能够尽可能地缩小不对称信息间的差异，让信息接收方和信息传播者所理解的信息内容不断接近。

对于我本身的工作而言，信息的对称性十分重要。因为从高层领导处接收的信息需要非常好地传达给各个市县的相关部门，才能够保证这些部门可以在未来的工作中严格执行高层所设定的标准，不至于犯错。但是受信息传播过程中的断章取义，以及地方官员知识水平有限等原因的影响，各地方相关部门在首次接收信息时往往不能够很好地把握住各项管理措施的核心要素，所以我们会在新的管理政策发布后很快对各地政府展开线上或线下培训；当然，经过培训还是有很多官员无法理解政策中的要点，这时我们就会通过各市的工作群对相关官员的问题进行解答；不过，当各个工作群里的疑问被充分解答并且针对这项新的管理政策不再有新的问题时，也不意味着沟通就可以结束了，因为这个时候往往'似懂非懂'和'一知半解'的现象就开始出现了，这时我们会通过观察各地的工作来及时发现问题，并针对问题对这些有问题的单位展开窗口指导，经过几轮纠错，很多地方上的相关部门就可以对这项管理措施的要点有正确的理解了。当然，这个过程是进度不可控且耗费大量时间成本的，但是，如果不去一轮轮地传播正确的信息，地方政府以错误的理念开展工作，而且极有可能错上加错，那就会对地方经济乃至地方人民造成不可估量的负面影响。

信息不对称还有一个缓解的方法就是尽量缩短沟通的链条，让信息接收的终端可以经过较少的中间环节主动向信息发布者了解到信息，或者直接和信息的原始传播者进行对话——就如我之前所说的建立地方上的线上解答群，并对地方相关官员进行一对一指导，以让他们可以与政策的制定者直接对话。类似的方法还有设立管理层办公室热线，以及省级部门向地方各单位派驻临时联络员以做好上下沟通，等等。当然，这些做法在市场层面的各类企业中也是可以被采纳的。

整体而言，信息不对称消除工作的核心就是降低信息传输过程中不确定性发生的概率，因为人受主观意识和文化知识背景的影响，对信息容易曲解、误读，所以在信息传播过程中中间环节人的介入越少越好。当然信息传播者也需要注意用语的通用性和精确性，并对难点、要点进行全面解析，以让信息的接收者接收到的信息不会因传播过程中因中间变化太多次而造成严重失真，也不会因对个别词组认识的失之毫厘而造成对信息理解的差之千里。"

八、有效施策　促进协作

开篇案例

为了打造最专业的研发人才队伍与研发管理队伍，华为特别设立了独立的"技术干部部"——技术人力资源部，并且十分注重研发干部团队管理能力的培养。首先，华为研发的干部部为了体现对技术人才的"懂行"性，从各业务部抽调干部担任部门成员——在其他研发型公司里，人力资源部都属于行政岗位，通常也由专门的行政人员担任。但在华为的研发部，大家认为研发人员的招聘和管理，非技术人员无法起到很好的作用，没有担任过研发部经理的人、没有管理过研发的人是无法胜任干部部的职责的。干部部专门研究研发体系下人员的配比、招聘方式、培养方式、薪酬体系、任职资格等问题。同时，技术干部部在华为研发的企业文化建设方面也起到了组织和宣传的作用——干部部经常组织各种技术类、管理类、企业文化类的培训，成为研发部管理队伍培养的重要支持力量。

与此同时，华为研发为了加强干部部的工作，一度还规定研发领导没有在干部部任过职，没有系统地管理过人力资源，不能再升职。正因为华为研发对自身人力资源管理队伍的重视，才使得华为对研发人员、研发干部进行管理的措施总是行之有效，对研发人员的工作评价、绩效考核等措施也深受研发人员的认可。

该模式的几个重要创新之处是：人才选拔和培训由专业技术人员负责——组织带头表态没有担任过研发部经理的人、没有管理过研发的人是无法胜任干部部的职责的，因为他们肩负选择未来能够担当公司发展重任的技术人员和研发项目管理人员的重任；同时为了吸引专业人才进入干部部，为了加强干部部的工作，规定研发领导没有在干部部任过职，没有系统地管理过人力资源，不能再升职，以此就创造了专业人士选拔、管理专业人士，专业人士有了人事管理经验之后成为高层管理者并继续贯彻此理念的良性循环。在此基础上，华为的项目团队的能力也就更能够得到包括员工层面、上级领导层面甚至外界等各方的充分认可，团队凝聚力也会因对组织的肯定和项目的成功而愈发强劲。

从中可以看见，一支真正优秀的专业化队伍的成型，绝非自然形成，而是需要专业的个人和专业的团队互相促进，并配以合理的管理制度予以优化才可造就。所以，为了成为有极强市场竞争力的人才，并带出真正出类拔萃的团队，项目经理必然需要以最高标准要求自己，同时尽力以最优管理策略使团队的专业度持续提升，唯有如此，项目经理和团队才能够在市场上保持领先乃至卓越的地位。

协调、组织好团队，让各方互相之间做出正向、积极的影响，让团队高效地工作，进而使项目可以保质、保量、按时、按预算完成，是项目经理个人综合素质的体现，也是项目管理工作的终极目标。所以，项目经理为组织承担的一项重要工作就是招聘与选拔能成为高素质项目经理的"好苗子"，在未来的项目工作中对这些人才科学培养并充分协调，使其发挥出最大的能力和价值。而项目经理本身也身兼了"好苗子"和"育苗师傅"的双重角色——这也要求项目经理需要综合运用各项软技能、硬技能，融会贯通，并根据具体环境、任务适时创新选拔机制，以及针对自我和他人的培养计划。

因为肩负重担，所以项目经理在成长的过程中要让自己渐渐成为实打实的聪明人，在硬技能、软技能增强的同时不断训练自己的判断能力，善于看到商机，善于发掘员工的潜力，善于抓住潜在资源方，将自身的能力和资源体系打造完善，从而使自己能够自信、安心做公司的栋梁，承担起公司发展的责任。

在凝结资源并充分引导团队发挥出最大力量的过程中，项目经理需要谨记以下原则。

（1）放合适的人在合适的岗位上，并匹配合适的资源和薪水。项目经理在了解员工的专长之后要给其匹配合适的工作内容和内部资源，并且要在了解社会上同类工种的基础上为其配备合适的薪酬和福利，这样才能让团队成员最大限度地发挥出积极性。

（2）小心维护与同事、资源方的关系。因为人的本性往往是记仇大于记好，所以项目经理与成员或他人产生冲突之时千万要小心筹划化解之道，尽量避免正面冲突或给他人留下不好的印象，而影响到项目组的团结。

（3）带领团队参与行业前沿项目。每个人，包括项目经理在内，工作也都是为了个人职业发展的加码，所以不仅要做好眼前相对重复的工作，也要找到参与行业前沿项目的机会。一般而言，与行业龙头企业合作，得到前沿项目的概率较大，当然，企业内研发类的项目本身也是比较前沿的项目。此外，项目经理应找到准平衡点，将前沿和普通的项目与长期和短期的项目搭配起来运作，让团队成员既能够感受到完成项目的喜悦，也能够体验到参与市场新规则制定时的兴奋。

（4）带领团队步步提升，成为行业内的佼佼者。职场上的人，谁都希望可以随着时间的推移而步步提升，而项目经理是带领团队并引导团队成员提升的关键力量。项目经理要在扎实做好专业工作的同时，充分借由学习型组织的建立和优质资源的吸纳等方法使团队实现快速提升，且不断承担规模更大、更有前沿性的重要项目，进而带领团队超越行业平均能力水平，使团队的发展进入良性循环——因为能力远超出行业同类团队平均水平的团队不仅可以使团队内的员工更有凝聚力，同时也可以令市场内的其他人更容易看到并欣赏这支队伍，进而产生"投奔"的念头，从而可以控制团队人员流动性的同时降低公司招聘的成本与难度。

（5）和靠谱的人、靠谱的资源合作。项目经理需要谨慎地吸纳并使用资源，也要谨慎地吸纳并使用员工，因为心态和责任感不好的员工及不可靠的资源方将会对团队成员心态造成负面影响，同时也容易使人对项目经理的靠谱程度产生怀疑。

同时，项目经理还需明白管理能力的培养不是一蹴而就的，不是像一些书中所写得那样学几个工具、小技巧或是记忆一些理论就可以得到提升的，管理技巧是需要深入思考，并有意识地去实践才能够提升的，所以不要光顾着疑惑为何员工不基于岗位安排的定位老老实实听你的话，或是合作方明明签了合同却不配合，而是要通过管理的手段努力让大家都重视你，重视你的意见。

本节的最后，一位国内知名设备企业内专司东南亚业务公司拓展的项目负责人张先生将为我们讲述他在国外组建公司时管理协调国际团队的经历——在我国走向国际化的关键节点上，通过对这些成熟经验的研习，将能使我们在"出海"时可以更好地规避因经验匮乏自掘而成的陷阱，并且能够充分训练自身在高复杂度环境中的精确决策能力，进而更好地完成国际项目的管理。以下，就是张先生的总结。

"在拓展国际业务时，项目管理工作最初的核心往往不是业务本身，而是团队的组建。因为从工作效率最高的要求来看，国内带到国外的团队往往'不接地气'，这不单是因为语言的障碍，更多的还是因文化不同而导致的沟通无效造成的。因为通常只有当地人才能更好地共情当地人，如果要外国人来做这项工作，除非是情商极高同时语言天分极好的'社交大师'级的人物才做得到——同时，为了能够满足任务需求，此人还需具备我们行业必需的专业知识，所以，在国内要找到这样的人才其实是非常难的——甚至我从业至今都没有碰到过。于是，这就促使我们要较好完成项目工作，必须找到本地的，具有我们所需专业背景的，同时掌握英语的专业人士——看起来有些难，但这样的人即使在异国他乡也是比较容易找到的。

但是，找到了人才并不代表团队就可以有效协同工作了，这其中还涉及大量的规则设计和磨合工作。首先，需要设定好工作语言，如我的团队在国外的工作语言必须是英语，我会要求所有员工在工作时间无论是对异国人或是本国人都要说英语，以此来避免小团体的形成和不必要的猜忌。其次，就是要建立一套容易理解，并可以长期保持的企业文化，通常是'本土化'的设计思路。因为国内过去的团队往往担任管理层，如果企业文化的设计过度中国化，会让本地员工有种'被殖民'的感觉，而且也不容易深度参与。所以，首先管理团队要充分研究当地文化，然后在当地员工的帮助下将国内的'基础版'企业文化进行改造，以让当地员工可以更好地感受到企业的做事风格和品牌内涵。再次，在公司内，本地员工和中国员工需要一视同仁，使用同样的业绩奖励机制和晋升考核机制，这样能够使本地的员工的积极性更好发挥，也更愿意教授中国员工有关本地文化和本地销售技巧的知识。最后，比较重要的就是对核心管理层的要求——在正式开展工作之后，每一个管理者都要树立勇于承担责任并诚实守信的形象。因为世界上有很多国家的人对中国的印象还很陌生，且不论国内各类企业是怎样传达管理理念的，在国外一定要让本地人看到我们的责任心与诚实守信的品质，这样能够让这些外籍员工更为重视契约精神，也能方便我们在标准流程下进行管理。

此外，在国外开展工作的过程中，最为重要的就是培养出优秀的本地项目经理。一是因为在国外开展业务非常重要的就是要有'政治敏感度'和'经济敏感度'——因为全球范围来看，政治环境和经济环境都不尽相同，所以不能以单一的模式去复制在国内的经验，而是要根据当地环境进行策略调整，这个过程中项目经理就要通过本土化的思维去协调工作，如果能够直接培养出本地的项目经理将能够更好地协调各方的资源；二是因为在文化背景不同的情况下，中国人很难对外国人言语中传达的重要信息和承诺的真实性进行准确的判断，但掌握真实的信息是在国外业务开展的前提条件，所以需要本地的优秀人才团队来主导分析工作。我的做法一般是以国际项目管理协会对项目经理的要求去训练本地团队的成员，如当地有条件，也会安排他们去取得项目经理证书，同时给予他们高出本地员工平均水平的工资——我们在东南亚发展中国家的通常做法就是给予他们与中国国内员工标准接近的工资，以让他们获得在国际公司就职的归属感，在一定程度上也是引导他们削弱本土意识。因为在国际公司的管理过程中，最大的问题就是员工的流动性极大，有时花了许多精力培养出的人才，往往经不住本土公司高管岗位的诱惑而选择跳槽，这对企业而言自然是极为不利的。所以，索性以较高的标准去聘用员工，让员工感受到自己的'与众不同'，这样更能够让他们对企业忠心，也更能够强化他们的国际视野、平等意识和契约精神。

最后，我还想强调一下，在国外开展业务最大的'雷区'就是对于商业陷阱的识别不当而造成的投资风险，以及对于政策的解析不当而犯下的合规性错误，这些问题也都需要当地高级别专业人才参与分析并予以献计解决。所以，想尽办法拉拢这一批人，并给予合适的培养和激励配套将能够帮助企业最大限度地规避风险，找准方向，获取真实的信息，进而真正地协调好当地的团队和资源，保证公司的顺利运营。"

参考文献

[1] 国际项目管理协会. 国际项目管理专业资质认证标准（ICB®3.0）[M]. 中国（双法）项目管理研究委员会，译. 北京：电子工业出版社，2006.

[2] 项目管理协会. 项目管理知识体系指南（PMBOK®指南）（第6版）[M]. 北京：电子工业出版社，2018.

[3] 克里斯·加德纳. 当幸福来敲门（双语版）[M]. 米拉，译. 北京：清华大学出版社，2012.

[4] 吴婕. 有效沟通与实用写作教程[M]. 3版. 北京：中国人民大学出版社，2017.

[5] 劳拉·万德坎姆. 一流成功人士早餐前都做什么[M]. 金国，译. 北京：中国青年出版社，2015.

[6] 丹尼尔·戈尔曼. 情商[M]. 2版. 杨春晓，译. 北京：中信出版社，2018.

[7] 世浩司. 抗压力——逆境重生法则[M]. 贾耀平，译. 北京：北京联合出版社公司，2016.

[8] 陈美华，辛磊. 李嘉诚全传[M]. 北京：中国戏剧出版社，2005.

[9] 艾尔希·林可·本尼迪克，拉尔夫·派尼·本尼迪克. 跟任何人都能合得来：人类学家教你了解自己，看透他人[M]. 阎升光，译. 武汉：长江文艺出版社，2016.

[10] 英格丽·张. 你的形象价值百万[M]. 武汉：长江文艺出版社，2015.

[11] 马歇尔·卢森堡. 非暴力沟通（珍藏版）[M]. 阮胤华，译. 北京：华夏出版社，2015.

[12] 大卫·约翰逊. 交往的艺术：社交智商与沟通力训练[M]. 凌春秀，译. 北京：人民邮电出版社，2017.

[13] 吴甘霖. 方法总比问题多[M]. 2 版. 北京：机械工业出版社，2013.

[14] 大卫·诺瓦克，克丽斯塔·布尔格. 赏识的力量[M]. 谭怡琦，译. 广州：广东人民出版社，2017.

[15] 伊丽莎白·哈斯·埃德莎姆. 麦肯锡传奇（珍藏版）[M]. 魏青江，方海萍，译. 北京：机械工业出版社，2010.

[16] 皮尔斯·詹森·霍华德，简·米切尔·霍华德. 职场大五手册：解密人格心理学在工作实践中应用的全球最佳实践[M]. 顾朝阳，译. 北京：电子工业出版社，2016.

[17] 海华. 获得感[M]. 北京：北京联合出版社公司，2017.

[18] 基思·法拉，塔尔·雷兹. 奇. 别独自用餐——85%的成功来自高效的社交能力[M]. 前十网，译. 上海：文汇出版社，2017.

[19] 张俊杰. 马克·扎克伯格新传[M]. 北京：中国商业出版社，2017.

[20] 杨毅宏. 职场陷阱[M]. 上海：学林出版社，2013.

[21] 多米尼克·穆特勒. 清晰表达的艺术：打造高效的职场沟通[M]. 李玮，译. 北京：九州出版社，2016.

[22] 莱昂纳多·因基莱里，迈卡·所罗门. 超预期：智能时代提升客户黏性的服务细节[M]. 杨波，译. 南昌：江西人民出版社，2017.

[23] 王军旗. 商务谈判：理论、技巧与案例[M]. 4 版. 北京：中国人民大学出版社，2014.

[24] 朱则金. 奥康与 GEOX：十年牵手风雨路[N]. 温州商报. 2013-08-30
（17）.

[25] 雷·克罗克，罗伯特·安德森. 麦当劳之父的创业冒险[M]. 钱峰，译.
北京：机械工业出版社，2009.

[26] 大卫·班克罗夫特-特纳. 办公室政治[M]. 张利国，译. 上海：上海交
通大学出版社，2014.

[27] 迈克尔·J·马奎特. 学习型组织的顶层设计（原书第 3 版）[M]. 顾增
旺，周蓓华，译. 北京：机械工业出版社，2015.

[28] 白立新. IBM 上千位总经理必需的 10 项修炼[EB/OL]. （2009-06-09）
[2009-06-09]. http://expert.bossline.com/6242/viewspace-12413.

[29] 陈祖芬. 秘书文档管理[M]. 2 版. 北京：中国人民大学出版社，2014.

[30] 李宝玲. 世界 500 强企业怎么管档案——以美国麦当劳、卡夫公司的档
案管理为例[N]. 中国档案报. 2011-03-10（3）.

[31] 约翰·D·洛克菲勒. 洛克菲勒自传[M]. 亦言，译. 北京：中国友谊出
版公司，2013.

[32] 琳达·科恩，阿莉·扬. 资源整合——超越外包新模式[M]. 虞海侠，
译. 北京：商务印书馆，2007.

[33] 千海. 华为讲管理：华为三十年管理实践精粹[M]. 北京：中国经济出
版社，2018.

[34] 路易斯·卡夫曼. 不懂带人，你就自己干到死：把身边的庸才变干将
[M]. 若水，译. 北京：文化发展出版社，2013.

[35] 高桥政史. 聪明人的一张纸工作整理术深度解读[M]. 易哲，译. 长沙：
湖南文艺出版社，2017.

[36] 张廷伟. 营销女皇董明珠[M]. 北京：中华工商联合出版社，2007.

[37] 葛光祥. 价值销售：世界 500 强销售精英必备技能[M]. 北京：电子工

业出版社，2016.

[38] 詹姆斯·狄圣沙，南希·理雅格. 管理沟通：职场专业技能与商务技巧（原书第 5 版）[M]. 刘平青，陈洋，译. 北京：机械工业出版社，2017.

[39] 张利华. 华为研发[M]. 3 版. 北京：机械工业出版社，2017.

后 记

　　此刻，您对本书的阅读已接近尾声，希望您能对我通过精选全球管理案例和"素人"项目经理访谈对我个人理论予以支撑的构思模式基本满意。不过我想要对各位读者"坦白"的是，书中每一节的项目经理访谈并非来自对某一位经理人的访谈，而是我结合了众多项目经理在该项软技能能力要素下的经历、表现、态度、观点并结合我本人的理论研究编撰而成的——但是此"复合人"的所有个人经历皆为真实故事。之所以这么做，主要是因为，一来单个项目经理的经历和对事物的理解力可能不足以让读者看到其对于某项软技能理解、掌握过程中思路的全貌及亮点，故而需要采各家之长予以完善呈现；二来是许多做事麻利的项目经理口头和文字表达能力并不是非常强，所以较为善于写作的我就做了补全故事、丰富细节的相关工作。就如我在序言中所述，单看一个人的表现就称之为"王牌"还是太夸张了一些。但如果是博采众长，找到各能力点的最高标准，并以此来要求"项目经理"这个岗位，那达标之人被称作"王牌"也就不为过了——当然，目前这个达标之人还仅仅是一名"复合人"，但相信各位项目经理在充分借鉴本书所列的优秀经验，结合实践和身边的优秀案例系统学习之后，将能够稳健踏上成为"王牌项目经理"之路。

　　同时，在整体知识框架方面，本书选择展开的软技能能力要素皆是较为必要、通用且能够找到公开资料学习、补充知识的，除"办公室政治"和"职场陷阱"外，几乎没有涉及"黑魔法"相关知识。这一方面是因为文中所列的 28 项软技能对于各行业绝大多数项目经理而言都足以达到出类拔萃，并获得领导重视、资源方关注的职场状态，所以就做出了如此安排；另一方面，觉得学习这些道德底线之上的技能对于项目经理自身而言是安全的。当然，也需要特别说明的是，本书主要服务于市场中一般企业的项目经理，军工科研机构、高危险性产业等科学管理模式已经非常完善且无需软技能的项目经理岗位则不适合采用本书的理论予以指导。

相信读者在阅读了本书之后已经明白在职场生存不只能看硬技能，软技能也极为重要。所以，以后看到硬技能不太强的同事升迁了，不要嗤之以鼻，而是要多看看对方在软技能方面的长处，并且也要全面评估自身的软技能发展、资源积累到了什么水平，是否能全面协同、发挥较高的综合价值，来应对身处更高职位上时的任务需求。诚然，要想全面突破自己并非易事，不仅需要知识上的储备，也需要意志力上的准备。总之，本书建议读者开启人生"HARD"模式，因为每一步比常人付出更多，到了一定年纪，就可以比他人拥有更多。

此外，文中引用并列举了很多项目管理工具、管理学工具，但并未做充分展开，此处建议读者在读完本书之后通过图书馆、书店借阅，或通过购买、下载获取相关资料并仔细研读，以对这些工具做到全面的理解与掌握——相信通过本书对这些工具的应用目标有所了解之后，读者能够更为高效地理解书及材料中的相关知识。此处也需提示一下读者，目前全球公认的项目经理资质认证机构仅有国际项目管理协会和（美国）项目管理协会两家，且两家皆采用"十大知识领域"的技术准则，所以相关教材具有共通性，读者在购买教材时择一即可。

另外，还想对项目经理们再次强调，我们努力工作不是为了满足关键绩效指标或是得到个别领导的认可，而是为了让自己的能力可以远远超出同类型工种的社会平均能力，所以项目经理的工作准则切不可是投某些领导所好，而是要踏踏实实将自身综合能力、专业能力，即软、硬技能进行全面提升。如果所有团队成员都能将项目经理当成工作中的榜样，那说明项目经理各方面修养就真正做到位了。

最后，我还想再次提醒初入职场的新人，想要成为实至名归的管理者，不是一朝一夕就可实现，不是读了名校管理学院，毕业后就能当管理人员，也不是做了"管理培训生"，轮岗期或实习期结束后就能真正走上管理岗位。管理者需要面对的事务安排工作、协调工作、领导工作，以及需要承担的责任远比职场新人或在校生想象中的要多得多。所以，新人要想顺利实现目标，走上管理岗位，还是要沉得住气，一步步来，养成好的工作、生活、学习习惯，在竞争面前不退缩、不回避，练就好心理素质，以及最为重要的是抓住时机做对企业发展而言有价值的项目，这样才能让自己发展成为受人重用并经得起市场检验的优秀管理者。